무기력의 심리학

무기력의 심리학

무력감을 털어내고 나답게 사는 심리 처방전

보뱌 포랭그 지음 | 김누완 옮김

흐름출판

당신 잘못이 아닙니다

인간의 뇌가 우리가 이해할 수 있을 정도로 아주 단순했다면,
우리는 뇌를 이해하지 못할 정도로 아주 단순했을 것이다.
에머슨 M. 퓨 (Emerson M. Pugh)[1]

당신의 평일 하루가 끝나 간다. 직장 일이든, 가정 일이든 해야 할
일은 모두 끝냈다. 이제 오롯이 나를 위해 쓸 수 있는 시간이 됐다. 원
래 계획은 동네 한 바퀴를 뛰는 것이다. 하지만 오늘은 평소보다 힘
들었으니까 그냥 자유 시간을 갖기로 했다. 내일 아침이 되면 약간의
자괴감이 들겠지만 당장은 소파에 눌러앉아 좋아하는 과자봉지를 뜯
어놓고 보고 싶었던 드라마를 몰아보기로 한다.

당신은 새로운 직장을 찾고 있을지 모른다. 지금 직장에서는 할 수
있는 모든 걸 배웠고 이제는 미래를 위해 이직해야 할 시기다. 하지

---

[1] 미국의 연구 개발자 겸 과학자(1929~). 자기 및 컴퓨터 메모리 기술을 선도한 인물로 꼽힌다.

만 보상받는 느낌을 못 받거나 활력이나 목적의식을 더는 느끼지 못하면서도 단지 지금의 일자리를 떠나기가 두려워 망설이고 있을지 모른다. '일자리는 나중에 알아보고 이번 주는 어떻게 견뎌보자' 하고 말이다.

당신은 안 좋은 인간관계가 고민일지도 모른다. 음식이나 체중 문제에 빠져 있을지도 모른다. '해야만 해. 그런데 왜 의욕이 안 나지!'라는 식의 자기 판단의 늪에 빠져 있을지도 모른다.

어떤 경우이든 계획한 일과 실제로 하는 일 사이의 간극을 줄이지 못하고 정체 상태에 빠져있다면 무기력한 상태에 놓여 있는 것이다. 이런 상태가 계속된다면, 결국 수치심이 당신의 마음을 사로잡게 된다.

"나는 도대체 왜 이 모양이지?" 이런 생각이 든다면, 분명히 말하는데 도움이 안 되는 생각이다. 무기력은 결코 당신 탓이 아니다.

당신은 게으르지도 미치지crazy[2]도 않았다. 약하거나, 둔하거나, 맛이 가거나, 결점이 있거나, 의지가 부족한 탓도 아니다. 진실은 다른 곳에 있다. 포기한 자기 보호 계획, 버려버린 할 일 목록, 방치한 목표 뒤에는 다른 무언가가 숨어있다. 그리고 이를 해결하는 방법은 생각보다 단순하다. 이 책은 그 숨어있는 무언가를 찾아내고 무기력, 불안

---

2 '미치다'라는 표현은 생물학적으로 봤을 때 틀렸다. '미친' 사람이란 없다. 정신질환을 앓거나 정신건강 증상을 경험한다고 미치지는 않는다. 이 책에서는 과격한 감정/증상에 대해 확실한 설명을 할 수 없을 때 어떤 느낌인지에 대한 비유로서 '미치다'라는 표현이 쓰일 것이다.

감을 해결하는 법을 다룬다.

그런데, 당신이 뭔데 해결책을 찾아줄 수 있느냐고? 내가 바로 찬란한 20대를 심각한 무기력에 허우적거리며 허비했고 지금은 나와 비슷한 상황에 빠진 이들을 돕는 일을 하고 있기 때문이다. 무기력에 대해서라면 나는 내부 고발자이자 치료사이다.

나를 무기력에서 건져낸 한 마디

마호가니 나무 액자에 넣어 벽에 걸어둔 명문대학교 학위증과 국가가 공인한 심리치료사 자격증을 보면 내 인생이 무결점으로 보일 수 있다. 하지만 한때 나는 무절제의 끝판왕이었다. 무기력을 설명하는 사진 한 장이 필요하다면 처참한 인간관계, 공황 발작, 우울 증상을 연달아 겪으며 정신을 못 차리던 내가 하루 종일 담배를 피어되며 곰팡이, 쥐와 동거하던 아파트 사진을 제시할 수 있다.

듀크대학교를 졸업한 후 대학원 진학을 포기한 나는 '개인적으로 혐오하던' 광고 일을 상당히 꾀를 써가며 건성으로 했다. 나의 인생은 먹고 기도하고 사랑하라가 아닌 흡연하고 울고 퍼마셔라였다. 거식증, 마약성 진통제, 단 것들, 사랑 중독(love addiction. 자신에게 유해하더라도 지키고자 하는 강박을 주는 관계 욕구), 자기 부정 사이를 헤맸고 이를 더는 그냥 넘어갈 수 없을 때 컬트 종교에 빠졌다.

특이한 종교 활동을 하니 마치 뇌에 씹을 수 있는 장난감을 가져다

준 것처럼 고통스러운 느낌은 확실히 덜했다. 타협 불가능한 교리를 지키고 철저하고 엄격한 규율을 따르다 보니 소속감에 대한 환상이 생겼다. 아주 예민하고, 아주 변덕스러운 내 몸은 내가 무엇을 해야 하고 어떻게 생각해야 하는지를 '다른 누군가'가 정해줄 때 일시적으로 안정감을 느꼈다.

그러나 이것도 잠시 뿐, 곧 종교 활동이 주는 엄격한 규율이 더는 약발이 듣지 않자 심령 연구, 귀신 쫓기, 명상, 요가, 간헐적 단식, 약물 치료, 착한 애로 살기, 나쁜 애로 살기, 진솔하게 지내기, 거짓으로 지내기 등 온갖 것을 시도했다.

그럼에도 무기력함은 사라지지 않았다.

그러던 어느 날 저녁, 처음 참석한 상담 모임에서 상황이 바뀔 수 있다는 희미한 가능성을 엿봤다.

그날 저녁, 내가 바닥에 주저앉아 소리를 지르고 콧물을 쏟아내고 있으니 한 따뜻한 상담사가 내 어깨에 손을 얹고는 이렇게 속삭였다.

"브릿, 당신은 미친 게 아니에요. 당신 잘못도 아닙니다."

일면식도 없던 상담사가 건넨 말 한마디 덕에 나는 사람이 어떤 행동을 하게 되는 근본적인 이유를 알아내기 위한 기나긴 여정에 들어설 수 있었다.

정신건강은 정신이 작용하는 과정이 아니다. 정신건강은 '신체가 작용하는 과정'이다. 우리를 괴롭히는 가장 끔찍한 심리 증상들도 실제는 정신질환이 아니라 신체 반응이다. 내 인생의 모든 궤적은 내가 신체 반응을 이해하고, 배우고 나서 바뀌었다. 나를 괴롭히던 우울증,

경계성 인격장애, 2형 양극성 장애, 섭식 장애 등의 증상들은 현재 모두 사라졌다. 오래 지속된 무기력한 생활 방식 역시 달라졌다. 나는 대학원으로 돌아가 심리치료사가 됐고 지금은 나와 같은 고통을 겪는 이들을 돕고 있다.

이 책은 당신의 경제 상황을 나아지게 하거나, 멋진 몸매를 가지게 하거나, 병을 낫게 하는 마법을 부리지는 않을 것이다. 하지만 무기력과 불안함, 파괴적인 대인관계에서 벗어나는 현실적인 방법을 알려줄 것이다.

이 책을 읽는 법

당신의 침실 탁자 위에는 이미 많은 심리학 서적이 쌓여 있을지 모른다. 무기력한 상태에서 벗어나겠다고 수많은 연구 내용을 간신히 다 읽고 나면 이미 위축된 몸이 더 위축된다. 여기서는 내가 연구하고 현장에서 적용한 정보를 한데 모아 당신이 모든 지식을 한 번에 얻어갈 수 있도록 준비했다. 자기 구제를 위한 일종의 '요약' 가이드인 셈이다.

우리는 쾌속정을 타고 무기력, 파괴적 인간관계, 중독과 나쁜 습관, 미루는 버릇, 심리적 위축 등 우리를 괴롭히는 모든 심리적 상황을 돌아볼 것이다. 닻을 내리고 깊은 구덩이에 빠지는 게 재미있을 수는 있지만, 이 책의 궁극적 목적은 당신이 변화할 수 있도록 충분한 정보를 전하는 데 있다. 각 장의 마지막에는 누구나 5분 안에 끝낼 수 있는 실천 과제들이 있다.

이 책은 당신이 원하는 방식으로 읽힐 수 있도록 구성했다. 세 가지 방식 중에 하나를 선택하면 되는데, 각각의 방식은 정보 활용에 대한 서로 다른 전략을 제시한다.

방식 1. 시간이 없어요

책 전체를 읽을 필요는 없다. 눈길을 끄는 주제는 무엇이든 골라서 해당 장으로 건너가 장의 마지막까지 쭉 읽으라. 장 마지막에 있는 요약, 할 일과 하지 말아야 하는 일로 구성된 간단한 표, 지금 바로 실행할 수 있는 5분 도전 목록을 확인하라.

방식 2. 더 알고는 싶은데 시간 여유가 없어요

자신에게 해당한다고 생각하는 장을 읽으라. 가족은 문제가 없는데 본인은 할 일을 계속 미룬다면, 3장 '무기력을 무기력하게 만드는 법'으로 넘어가라. 친구 관계는 멀쩡한데 쇼핑이나 먹기를 멈출 수 없다면 8장으로 가서 중독(과 나쁜 습관)에서 벗어나는 법을 읽어라. 자신과 관계된 부분들 주의 깊게 읽고, 나머지는 대충 읽으며 각 장 마지막에 나오는 요약과 연습은 확인하라.

방식 3. 시간 여유가 있어요. 전부 알려주세요.

각 장을 (원하는 순서에 따라) 쭉 읽고 5분 도전을 전부 실천하고 이를 일기장에 기록해 보자.

당신은 행복할 자격이 있다

감정, 행동, 의식에 대해 알고 나면 '이것이 뇌가 작용하는 방식이다' 식의 절대적인 확신을 갖고 이야기할 수는 없다. 뇌는 복잡하게 구성되어 있어서 모든 작동 원리를 파악하기란 사실상 불가능하다. 칼 세이건Carl Sagan은 "천문학은 겸허하고 인격을 함양하는 경험이라고 일컬어져 왔다"고 표현했다. 머릿속 세포들이 저 우주의 은하단 못지않게 수수께끼 같으면서도 아름답다는 점을 고려하면, 이러한 의견은 신경과학에서도 똑같이 적용할 수 있다.

우리는 모두 불변의 과학적 진리를 담은 돌비석 같은 걸 갖고 싶어 하지만, 그런 건 존재하지 않는다. 그럼에도 나는 이 책에 가장 큰 도움이 되는 최신 정보들을 엄선하여 모았고 나 자신과 내담자들에게 적용해 효과를 본 방법을 담았다.

쓸모 있는 건 취하고 나머지는 버리라. 여기에 소개된 전략들을 통해 당신은 친밀감, 친교, 습관, 지연 행위 등에 대한 더 강한 권한을 가질 수 있고 무기력한 상태에서 벗어날 수 있다. 나를 돌본 치료사는 내게 이런 말을 했다. "윌리엄 제임스William James[3]는 근본적 경험론을 정리하면서 실재하는 것이 곧 영향을 미치는 것이라고 얘기했어요. 당신이 정서적 건강을 이야기하면 그게 정말로 당신에게 중요한 주제가 되죠."

당신이 이 자리에 함께해서 기쁘다. 책장을 넘기면서 마음가짐을 바꾸고 수치심을 없애는 기회를 얻길 바란다. 자신을 친절하게 대하고 머릿속의 전쟁을 멈추길 바란다. 자신이 '다른 사람들보다 더 심각하다'는 이유로 마음이 불편하다면, 기억하라. 균형은 도움이 되지만 비교는 도움이 되지 않는다는 것을.

당신에겐 존재의 자격이 있다. 이 지구에 있을 자격이 있다. 약 오르고, 겁나고, 불쾌할 자격이 있다. 그리고 자신의 인생에서 행복을 경험하고 자신의 몸 안에서 편한 마음을 가질 자격이 있다.

이제 지긋지긋한 무기력에서 벗어나자.

브릿 프랭크

---

3   19세기 미국을 대표하는 실용주의 철학자(1842~1910).

차례

들어가며 당신 잘못이 아닙니다 - 5

1부. 무기력을 떠나보내는 법

1장. 불안감이란 초능력 - 19

○ 불안감은 문제가 아니라 신호다 - 24
○ 제1원칙. 원인을 나에게서 찾지 말라 - 27
○ 불안감은 공격하지 않는다 - 33
○ 불안, 공포, 걱정을 구분하라 - 40
○ 결론: 불안은 장애가 아니라 건강한 신호다 - 42

2장. 왜 무기력에서 벗어나지 못할까 - 45

○ 그들이 학대를 벗어나지 못하는 심리 - 49
○ 무기력의 이점, 무기력의 아이러니 - 51
○ 무기력을 무기력하게 만들려면 - 57
○ 느낌, 감정, 생각을 구분하라 - 59
○ 결론 : 자신을 이해한 만큼 행복할 수 있다 - 64

3장. 무기력을 무기력하게 만드는 법 - 69

○ 뇌는 행복에 관심이 없다 - 73
○ 우리는 누구나 트라우마를 갖고 있다 - 85
○ 균형보다는 역동 - 90
○ 나한테 트라우마가 있다면 이제 어떡하죠? - 94
○ 결론: 뇌를 이해하면 내일을 바꿀 수 있다 - 97

4장. 누구나 백 개의 얼굴을 가졌다 - 101

○ 내 안의 그림자 - 104
○ 온전하려면 어두운 면도 있어야 한다 - 105
○ IQ+EQ+SQ=성공과 그것을 즐길 자유 - 108
○ 우리는 모두 다중 인격체 - 110
○ 지휘자는 누구인가 - 115
○ 내면의 대화, 3인칭으로 대화하라 - 118
○ 자기 양육의 기술 - 120
○ 그림자 간식 - 123
○ 결론 : 내면의 어두움은 집으로 가는 빛 - 126

2부. 우리를 무기력하게 만드는 관계들

5장. 적당한 거리두기를 위한 세 가지 연습 - 133

○ 파괴적인 관계에서 벗어나려면 - 136
○ 집중 훈련 1. 비상구를 만들어라 - 137
○ 집중 훈련 2. 경계 세우기 - 146
○ 집중 훈련 3. 사과보다 개선을 약속하라 - 151
○ 결론: 우리에게는 새로운 대화법이 필요하다 - 157

6장. 애쓰지 않아도 괜찮은 어른의 우정과 사랑 - 161

○ 아이와 어른의 우정은 다르다 - 169
○ "신뢰하지 않는데 어떻게 우정을 쌓을 수 있죠?" - 172
○ 성인의 우정에 관한 여섯 가지 미신 - 176
○ 그런 사랑은 없다 - 180
○ 결론 : 사랑과 우정에도 적당한 거리가 필요하다 - 186

7장. 가족이라는 트라우마 - 191

○ '보통' 가족도 트라우마를 일으킨다 - 196
○ 애착과 양육에 관한 아주 간단한 개괄 - 199

○ 정서적으로 서툰 가족의 10가지 징후   - 204
○ 결론: 용서는 아름답지만, 치유와는 상관없다   - 221

3부. 무기력의 에너지, 중독과 정서적 회기

8장. 가장 강력한 적, 중독과 나쁜 습관   - 229

○ 왜 그 비행기는 추락했을까   - 232
○ 중독을 인정하지 않는 심리   - 236
○ 진실이 너를 자유롭게 하리라   - 241
○ 중독과 나쁜 습관을 관리하는 OODA 루프   - 251
○ 편안한 길은 없다   - 255
○ 결론: 자신이 생각하는 모든 것을 믿지는 말라   - 258

9장. 홀로서야 비로소 어른이 된다   - 263

○ 어른이 되지 못한 어른들   - 267
○ 명절이 되면 우리는 아이로 돌아간다   - 268
○ 청소년기의 연금술   - 271
○ 심리적 향수병   - 273
○ 성장을 가로막는 미신들   - 276
○ 애도 작업, 집으로 향하는 길   - 280
○ 애도 과정에서 의식을 사용하는 방법   - 286
○ 결론: "당신은 카드 한 벌에 지나지 않아요!"   - 290

10장. 무기력 깨트리기 게임   - 293

○ 무기력을 깨는 7가지 규칙   - 299
○ 영성에 대한 소고   - 311
○ 마지막 당부, 작은 한 걸음이 중요하다   - 312

1부
《 무기력을 떠나보내는 법 》

1장

불안감이란 초능력

정신적 불균형을
전부 실패로 규정할 필요는
없다.
오히려 돌파구가 될 수도
있으니까.

R. D. 레잉(R. D. Laing)[4]

자동차의 엔진 경고등이 켜지면 어떻게 해야 할까? 경고등 자체가 문제라는 사람은 없을 것이다. 경고등은 차에 문제가 있다는 것을 알려주는 신호일 뿐이다. 불안감은 감정의 경고등이다. 불안감을 '없애려는' 시도는 차의 엔진 경고등을 고장 내려는 시도 못지않게 역효과를 낳을 뿐이다.

이제부터는 불안감을 문제가 아니라 '지시등'으로 받아들이자. 불안감은 무섭고, 불편하고, 혼란스럽긴 하지만 잘만 활용하면 시간을 바꾸고, 높은 건물을 단숨에 뛰어오르며, 콘크리트를 뚫어버리는 초

---

4 스코틀랜드의 정신과의사(1927~1989). 정신증 경험을 비롯한 정신질환에 관하여 활발한 집필 활동을 펼쳤다.

능력과 같다. 우리는 대부분 불안감을 적으로 보라고 배웠다. 그러나 이번 장에서는 불안감을 완전히 새로운 방식으로 받아들이는 방법을 알아볼 것이다.

그런데 이쯤 말하고 나면 다들 이렇게 생각할지 모르겠다. '어랏. 이거 내가 알고 있던 내용과 다른데'. 널리 알려진 대중 심리학의 목소리와 다른 이런 주장을 정말 믿어도 될까?

학계의 성과물이 미디어와 대중출판의 주목을 받기까지는 대략 10년 정도의 시간이 필요하다. 그래서 우리는 주류 매체에서 최신 연구 정보를 제때 얻지 못한다. 베셀 반 데어 콜크Bessel van der Kolk 박사(『몸은 기억한다The Body Keeps the Score』), 스티븐 포지스Stephen Porges 박사(『다미주 이론The Pocket Guide to the Polyvagal Theory』), 피터 레빈Peter Levine 박사(『내 안의 트라우마 치료하기Waking the Tiger』), 팻 오그던Pat Ogden 박사(『트라우마와 몸Trauma and the Body』) 등 선도적 사상가들은 수많은 연구와 검증된 데이터를 통해 정신건강이 신체의 의식을 요구한다는 것을 밝혀냈다. 이들의 연구에 따르면 불안감은 우리가 외적인 안전(그리고/또는) 내적인 진실과 어긋났을 때 나타나는 하나의 신체적 신호다.

불안감은 신호이기 때문에 우리가 이를 제대로 인지하지 않으면 무기력한 상태에서 벗어날 수 없다. 불안감에 심하게 빠지면 정말 불쾌하고, 위축되며, 무력해지는 느낌까지 받는다는 점을 나도 잘 안다. 하지만 무기력 때문에 일어나는 문제를 해결하려면 먼저 불안감은 100퍼센트 느껴야 한다. 여기서 불안감은 감정이 아니라 일련의 신체 감각이다. 불안감은 우리를 공격하는 게 아니라 도우려는 신호이다.

잠깐… 뭐라고?

"하지만 불안감은 정말 싫어요!"
"늘 불안하다고요!"
"하지만 난 불안감 때문에 아무것도 못 해요."
"하지만 불안감 때문에 힘들다고요!"

내가 무기력한 상태에서 벗어나는 데 불안감이 가장 중요한 요소 중 하나라고 설명하면, 나를 찾아온 내담자 대부분은 처음에는 나를 음모론자처럼 바라본다. 그러나 불안감을 줄여준다는 다양한 치료 요법과 운동, 명상에도 불구하고 겁에 질리고, 중독되고, 불안해하고, 당황해하고, 몸이 아픈 사람이 수없이 많은 지금의 상황을 보면 불안감에 대한 우리의 상식은 확실히 잘못된 부분이 있다. 다시 강조하지만, 우리는 불안감 때문에 무기력해지는 게 아니다. 오히려 불안감 덕에 무기력에서 빠져나올 수 있다.

미국 불안감·우울증 협회Anxiety and Depression Association of America에 따르면, "불안 장애는 가장 흔한 정신질환으로, 미국에서 매년 성인 4000만 명 혹은 인구 18.1퍼센트가 경험한다." 4000만 인구가 정신질환을 견디며 살아야 할까, 아니면 이를 새로운 관점에서 바라봐야 할까? 미국의 정신과 의사와 나와 같은 심리치료사들은 『정신장애진단 및 통계편람Diagnostic and Statistical Manual of Mental Disorders』이라는 책의 제5판(약칭 DSM-V)에 나오는 리스트를 기준으로 내담자들의 증상을 파악하여 범불안장애, 공황장애, 강박장애, 조울증, 경계성인격장애 등의 진단을 내린다. DSM-V는 미국의 정신질환 전문가들에게 성경과 같다. 하지만 DSM이 정치인들로부터 영향을 받았고, 진단의 측면에서 봤을 때 불완전하며, 트라우마나 환경적 요소를 충분히 고려하지 않는다는 점을 많은 사람들이 모르고 있다. 나의 정신병리학 선생님은 수업에서 이런 말을 한 적이 있다. "DSM은 'door-stop manual(문 고정 장치)'의 줄임말인 게 딱이에요. 문을 고정하는 데만 좋으니까요."

불안감은 문제가 아니라 신호다

그렇다고 불안감이 별 게 아니라고 말하는 건 아니다. 불안감은 결코 가벼운 장난이 아니다. 때로는 불안감 때문에 죽을 것 같거나 너무 혼란스러울 수 있다. 이때 나름 해결책을 찾으려고 바깥으로 시선을 돌린 경험이 있다면, 이건 온당한 반응이다.

하지만 바깥에서 발견한 희망의 빛도 확실한 길을 제시하지는 못한다. 질문에 대한 답은 우리 마음 깊은 곳에 있다. 음식을 먹거나 유튜브를 보거나 인스타그램이나 페이스북에 올라온 완벽해 보이는 게시물과 자신을 비교하거나 술을 마시거나 인간관계에 매달리거나 하는 식으로 불안감을 누그러뜨리거나 피하면, 우리는 내면이 보내는 진정한 자아를 가리키는 강력한 신호를 놓치게 된다.

불안감이 보내는 신호를 듣는 방법을 배운다면, 불안감은 혼돈의 숲을 안전하게 빠져나올 수 있도록 하는, 신비로운 지침이 된다. 『아직도 가야 할 길The Road Less Traveled』을 쓴 스캇 펙M. Scott Peck의 말처럼, "정신건강은 어떤 대가를 치르더라도 현실에 충실히 임하는 과정이다."

무기력의 구렁텅이에 빠져 정처 없이 허우적대기만 하던 나의 20대로 돌아가 보자. 당시 나는 샌타바버라의 비좁은 아파트에서 살고 있었다. 담배꽁초는 다이어트 콜라 캔 여럿에 무더기로 채워져 있었고, 거식증 탓에 생리가 멈출 만큼 체중이 줄어 있었다. 월요일과 수요일 저녁에 헬스클럽에서 실내 사이클링 강사로 일했는데 수강생들 앞에만 서면 갑자기 땀을 흘리면서 몸을 떨었다. 사람들 앞에서 쓰러질까 봐 두려웠다. 인간관계는 막장 그 자체였다.

샌타바버라에서의 모험을 고통스럽게 마무리한 후, 나는 무엇을 해야 할지 갈피를 잡지 못했다. 그래서 갖고 있던 푼돈들을 모아서 캘리포니아주 북부의 작은 산골 마을로 향했다. 이곳에서 여유를 갖거나, 휴식을 취하거나, 내 생각에 귀를 기울이거나, 나 자신을 믿거나, 성생활을 즐기거나, 인간관계를 유지하거나, 내 몸 안에서 편안함을 느끼거나 하는 일들을 내가 왜 절대 못 할 것 같은지 이해해 보기로 했다.

결국 나는 '이상한' 종교에서 안식을 찾았다. 생활은 기이하긴 했어도 절대 지루하지 않았다. 하루 일과 중에는 선교실에서 기도하면서 보내는 시간이 있었는데, 이때 열성 신도들은 바닥에 몸을 쭉 펼치거나 주문을 외면서 통로를 서성거렸다. 나는 유난히 힘든 금식을 마칠 때마다 자랑스럽게 경전과 (음식은 안 먹고 물에 의존하기로 했음을 영적 전우들에게 겸손한 태도로 자랑할 수 있도록) 거대한 1갤런짜리 물통[5]을 들고 선교실을 나섰다. 하지만 내 차에 타는 순간, 어쩌다 상황이 이따위로 변한 건지 의아해하며 말보로 라이트를 줄줄이 피워댔다.

"도대체 왜 나는 이 모양이지?" 이는 겉으로는 모든 게 평범하기 그지없었던 나의 '목가적인 유년기'가 실제로는 애매한 말들, 가스라이팅, 비밀, 거짓말 등으로 가득했기 때문에 시작된 일이었다. 내 고향, 뉴욕 사람들은 알려진 것과 달리 꼭 태평하고 느긋하지 않다. 내가 1990년대 중반 청소년기에 접어들었을 때, 불안감은 강도 조심하라는 엄마의 지독한 메시지에서, "진짜" 숙녀라면 "어떻게든 자기 남자를 행복하게 해줘야" 한다고 내게 충고하는 할머니의 엄중한 말투에서 가장 중요한 요소였다.

겉보기에는 평범한 중산층 가족이지만 실제로는 무질서한 행동과 삐뚤어진 부모/자녀 역할로 정신없었던 우리 가족은 나를 무기력에 빠뜨렸다. 나는 내가 너무 예민하고, 너무 젠체하고, 너무 감정적이고, 너무 자신감 없고, 너무 의존적이고, 부모가 감당하기에는 너무

---

5   1갤런짜리 물통은 많은 종교 단체에서 지위적 상징물이다. 일반인처럼 일반적인 물통을 들고 다닐 수도 있지만, 1갤런짜리 물통은 자신이 음식을 거부하는 슈퍼스타임을 모두에게 알릴 수 있다.

벅차다고 생각하면서 자랐다. 나는 눈에 띄지 말고, 조용히 있고, 아빠를 열 받게 하지 말고, 제발 너무 많이 생각하지 말라는 메시지를 받으며 살았다. 집에서 독립한 후에도 불안감은 나의 변함없는 동반자이자 내가 오랫동안 영적, 성적, 경제적, 이성적, 건강에 관한 파괴적인 선택을 하는 선행 조건이었다.

내가 사람들한테 조금 더 마음의 문을 열었더라면 얼마나 좋았을까(그러나 나는 고통과 함께 혼자 있길 선택했다). 만약에 내가 알맞은 치료사나, 알맞은 약이나, 알맞은 프로그램이나, 알맞은 전문가를 찾을 수 있었다면 인생의 경로가 달라졌을 지도 모른다. 그 인생이 어떤 모습일지는 알 수 없었지만 모든 칼로리를 계산하지 않고 식사할 수 있고, 땀에 흠뻑 젖은 상태로 깨지 않고 잘 수 있으며, 인간관계를 비판적으로 바라보지 않으리라는 건 알았다.

제 1원칙, 원인을 나에게서 찾지 말라

정신건강, 약, 웰니스wellness, 미美, 피트니스 산업은 불안감이 우리 탓이고 '자신을 개선하는 것'이 해결책이라는 견해에 기반한다. 자유, 즐거움, 큰 행복, 평화 등을 약속하는 광고는 우리에게 우리 밖에서 답을 찾으라고 속삭인다.

그러나 우리가 가진 많은 문제의 해결책은 자신의 내면을 살펴보아야 찾을 수 있다. 나와 함께한 다양한 내담자를 보면 불안감은 내면의 결점이나 엉망인 상태를 가리키는 징후가 아니라 자신을 무시한 결과인 경우가 많았다.

티나는 식이 장애, 강박 관념, 범불안장애 등을 앓고 있었다. 그녀의 어머니는 자기도취에 빠져 통제와 학대를 일삼았지만, 티나는 자신이 어머니에게 반기를 들거나 그녀와의 사이에 경계를 둘 수 있다고 생각한 적이 한 번도 없었다. 서른두 살의 나이에도 어머니와 가까이 있을 때면 자신이 늘 여섯 살짜리 아이처럼 느껴졌다. 어머니의 끝없는 문자, 전화 통화, 예고없는 방문 탓에 티나는 계속 공황 상태로 지냈다. 남자 친구와 친구들은 자립하기를 주저하는 그녀를 견디지 못하고 떠나고 말았다. 티나는 열심히 일하면서도 일상생활에서는 만성적으로 무기력에 빠졌다. 티나는 이 말만 되풀이했다. "엄마와의 이런 관계가 저한테 해롭다는 건 잘 알아요. 엄마한테 맞서면 결국 행복할 거라는 것도 잘 알아요. 하지만 저는 너무 무기력해요. 그렇게 할 수 없어요. 저한테 뭐가 잘못된 건지 모르겠어요."

티나는 감정적으로 거리를 두고 스스로 결정하기를 두려워한 나머지 홀로서고 싶다는 내면의 목소리를 외면했다. 그녀는 성장에 대한 공포를 대면하고 어머니와의 경계를 세우고 나서야 도전적이고 보수가 좋은 일을 잡을 수 있었다(어른처럼 행동하는 데 따르는 도전은 9장에서 상세히 다룰 것이다.)

나오미는 질경련 증상 때문에 나를 찾아왔다. 이 증상은 가장 흔한 성적 불안 문제이지만 사람들에게 가장 낯설 법한 문제이기도 하다. 질경련은 성관계나 탐폰 사용을 시도할 때마다 질에서 통증을 동반한 수축이나 경련을 야기한다. 나오미의 남편은 그녀를 이해하려고 했지만 성행위를 피하려는 그녀의 모습에 좌절하고 혼란스러워했으며, 분노를 터뜨리곤 했다. 나오미는 자기혐오에 빠졌고 자신이 미쳐버릴까 봐 두려웠다. 아침이면 남편이 가버리고 없을 것 같은 공포 때문에 밤이 오면 제대로 잠들지 못했다.

나오미의 불안감은 불만족스러운 결혼 생활이 보내는 신호였다. 남편은 심각한 분노 조절 문제를 가진 알코올 중독자였지만 그와의 관계를 끝낸다고 생각하면 무서웠다. 나오미의 몸은 대응 기제로서 그녀의 '심리적 고통(불안한 결혼 생활)'을 '신체적 문제(질경련)'로 전환했는데, 이러한 상태는 정신건강 쪽에서는 전환장애라고 알려져 있다. 나도 개인적으로 질경련 때문에 고생한 적이 있다. 이 증상을 두고 "마음의 문제"라고 진단하는 의사가 얼마나 많은지 차마 셀 수도 없다. 그들의 처방은 단순히 와인 한 잔 마시기나 심호흡하기였다.

하지만 질경련은 마음가짐의 문제가 아니다. 아주 현실적인 신체 문제다. 의사와 함께 의학적 원인을 찾아내는 일이 반드시 필요하겠지만, 만성적 통증은 불편한 감정적 진실을 마주할 때 완화되거나 완전히 사라진다. 내 경우에도, 성적 트라우마를 인정한 후에야 질경련 증상이 사라졌다. 결국 나오미는 남편에게서 벗어나려는 마음을 인정하고 관계를 정리하고서야 성생활을 즐길 수 있게 됐다.

케이틀린은 훌륭한 직업과 멋진 집을 갖고 있다. 지역 어린이 병원에서 진행하는 자원봉사 덕에 지역사회에서의 신망도 두텁다. 하지만 그녀는 밤마다 몰래 와인 한 병을 마시고 방안에 틀어박혔는데, 놀아달라는 아이들의 간청을 의식하지 못할 만큼 그 정도가 심각했다. 겉으로는 모든 게 완벽해 보였지만 속으로는 만신창이였던 셈이다. 케이틀린은 업무의 마감 기한을 놓치곤 했고, 중요한 회의 참석을 수시로 까먹었다. 계속 초조해하고 가만히 있지를 못하며 짜증만 내는 자신을 끔찍한 사람으로 여겼다. "저한테는 멋진 남편과 예쁜 자식들과 환상적인 집이 있어요. 바랄 수 있는 모든 걸 가진 셈이죠. 저한테 뭐가 문제길래 마음을 편하게 먹고 인생을 즐길 수 있을 것 같지 않을까요? 이렇게 특권을 갖고 점잔만 빼는 나쁜 년이 되고 싶진 않다고요. 도대체 왜 이 모양일까요?"

케이틀린은 불안감이 보내는 신호를 직면한 후에야 오랫동안 억눌려 있던 기억에 맞설 수 있었다. 어린 시절 케이틀린은 작은 동물과 화초를 자기 방에 숨겼다가 엉덩이를 맞고, 창피를 당하곤 했다. 어린 케이틀린이 그런 동물이나 화초를 집안에 몰래 들일 때마다 어머니는 그것들을 잔인하게 쓰레기통에 처박거나 변기에 흘려보냈다. 케이틀린은 훈육과 청결이 절대 규칙인 엄격한 가정에서 자란 탓에 성인이 되어서도 창의력을 발휘하거나 자연을 탐구하는 일은 꿈도 못 꿨다. 나는 그녀를 치료하는 과정에서 그녀가 가족을 버리거나, 일을 관두거나, 공동체에 들어갈 필요 없이 창의력을 발산할 수 있는 수단을 찾는 방법을 제시했다. 그제서야 그녀의 불안과 무력감은 사라졌다.

게리는 둘째 아이를 낳은 후 공황 발작을 앓았고 엄마로서 실패했다는 좌절감에 사로 잡혔다. 게리는 집안을 깨끗하게 유지하고 싶었지만 더러운 축구 저지와 흙투성이 청바지는 바닥에 나뒹굴었고, 지저분한 그릇들은 싱크대에 가득 찼다. 밤이면 자식들에게 책을 읽어주는 엄마가 되고 싶었지만 아이들과 잠자리에 드는 대신 아이패드를 쥐어 주고 술을 마셨다. "저는 아이를 돌보는데 너무 서툴러요. 좋은 엄마가 되고 싶고 애들한테 뭐든 해줄 수 있는데 말이죠. 애들이 필요로 하는 그런 엄마가 되긴 그른 것 같아요. 저한테 뭐가 잘못된 걸까요?"

게리가 느끼는 불안감은 아이를 돌보는 데 애를 먹는 엄마들에게 공통적으로 발견된다. 양육에서 오는 도전에 엄마가 물러서서는 안된다는 인식이 보편적이다 보니, 게리는 자신을 실패한 것처럼 느꼈다. 그동안 내가 만난 능숙하고 애정 넘치는 어머니들은 모두 본인이 자식들을 위해 죽을 수도 있고 뭐든 다 할 수도 있지만 가슴 한편에서는 가끔 엄마가 되기 전의 시절이 그립다고 털어놓았다. 능숙해 보이는 엄마들에게도 이런 감정은 보편적이다.

게리는 이러한 감정들이 잘못되지 않았다는 것을 확인하면서 기력을 되찾았다. 술을 더는 강박적으로 찾지 않게 됐고 자녀들 앞에서 자신의 본 모습을 드러낼 수 있었다.

티나, 나오미, 케이틀린, 게리의 공통점은 무엇일까?

네 사람 모두 자신의 불안감이 무기력의 원인이라고 믿었다. 그러나 아니다. 그들의 내면에서는 불안감의 외침이 조용한 속삭임보다 훨씬 더 컸기 때문에 불안감이 문제의 원인으로 지목됐을 뿐이다. 불안감은 문제를 가리키는 징후이지 문제 그 자체는 아니다.

불안을 '공격'이라고 칭하는 건 불을 기름으로 끄려는 것과 같다. 내 안에 나를 공격하려는 무언가가 있다고 생각하면, 몸은 실제로 공격을 받은 것처럼 반응한다. 불안감은 난데없이 튀어나온 것 같기 때문에 공격처럼 느껴진다. 언제든 기습당할 수 있다고 생각하면 자기 몸 안에서 안전하다고 느끼기 어렵다.

하지만 아무것도 없는데 무언가 나오는 일은 없다. 징후의 원인을 모른다고 해서 징후가 그렇게 존재할 만한 충분한 이유가 없다는 뜻은 아니다. (자기 몸이 왜 놀라고 어떻게 하면 진정시킬 수 있는지를 모를 때 — 자신이 자극을 받은 이유를 전혀 모를지라도 — 무엇을 하면 좋을지는 3장에서 이야기하겠다.) 그동안 우리가 불안감을 다스리기 위해 배운 방법들은 확실히 효과가 없다. 미국에서 매년 정신질환을 앓는 수백만의 인구가 이 사실을 증명한다. 불안감을 강박적으로 회피하고 오인하면 오히려 정서적으로 큰 혼란을 겪고 불행에 빠지기 쉽다.

불안감은 공격하지 않는다

인간의 뇌는 강력하고, 아름답고, 신비하다. 최근 연구에 따르면 우리의 본능은 행복이 아닌 생존에 더 초점이 맞춰져 있다. 평온이 아닌 안전을 찾는 데 집중한다. 이는 우리의 뇌가 위협과 기회를 파악하려고 주변 환경을 계속 살피기 때문이다.

하지만 우리가 더는 동굴에 살거나 사자, 호랑이, 곰 옆에 지내지 않기 때문에 우리의 뇌는 간혹 위험 신호를 잘못 해석한다. 이러한 혼란이 행복에 미치는 영향은 막대하다. 논리상 자신이 안전함을 알아도 몸을 움직일 수 없을 때가 종종 있다. 뇌가 위험 신호를 잘못 해석해 생존 모드로 움직인다면 우리는 위축되고, 반응적이고, 충동적이고, 적대적이고, 초조해하는 동시에 지치는 느낌을 받게 된다. 때론 사랑하는 사람들이 적대적인 포식 동물처럼 느껴지기도 한다.

이러한 경험을 신경지neuroception라고 한다. 이는 사람, 장소, 사물을 안전하거나 위험하다고 받아들이는 뇌의 인식을 가리킨다. 안전한데 반대로 위험하다고 잘못 인지하게 되면 심신을 지치게 하는 증상과 인간관계를 망치는 결과를 초래하게 된다. 위험의 신경지는 불안 장애와 똑같은 증상을 낳는다. 하지만 이러한 신체 반응은 장애나 병이 아니라 생존 반응이다.

인간의 뇌는 불안감을 느끼면 이성 모드를 끄고 생존 모드에 돌입한다. 우리는 자신이 계획적이고 결단력 있고 세심할 때 뇌에서 논리적인 부분이 활동에 들어간 느낌을 받는다. 반면에 우리가 반응적이고 걷잡을 수 없고 무기력하다고 느낀다면 우리의 뇌가 논리의 땅을 떠나 생존의 뇌 영역으로 들어간 것이다.

우리가 흔히 쓰지만 잘못 이해하고 있는 용어가 있다. 바로 공황 발작panic attack. 공황 발작은 공격attack이 아니다. 공황 발작은 우리의 뇌가 데이터를 잘못 이해한 상태에서 우리의 생존과 안정을 지키려고 일어나는 신체 반응이다. 그러나 우리는 이러한 신체 반응을 다음과 같이 받아들이라고 배웠다.

- 그것은 질병이다.
- 그것은 화학적 불균형이다.
- 그것은 유전의 문제다.
- 그것은 정신 장애다.
- 그것은 정신적으로 약하다는 신호다.

미신: 불안감은 질병이다.

이 미신을 믿었을 때 나타나는 결과: "그게 질병이라면 그걸 안고 살아가는 법을 배워야겠군."

우리가 불안정하고 진정성을 놓칠 때 일어나는 불안감은 우리를 해하려는 게 아니라 돕고자 하는 반응이다. 발목을 삐어서 절뚝이는 건 질병이 아니다. 그 고통은 부상에 주목할 필요가 있음을 알리는 신호다. 테킬라를 한껏 마시고 게우는 건 질병이 아니라 너무 많이 마셨으니 조심하라는 신호다. 불안감을 질병으로 보지 말고 신호로 읽어라. 이것이 무기력함에서 벗어나는 데 효과적인 접근법이다.

미신: 불안감은 화학적 불균형이다.

이 미신을 믿었을 때 나타나는 결과: "약만 있으면 되겠군."

화학적 불균형 이론은 '사실'이 아닌 '이론'이다. 불안감과 우울증을 다스린다고 홍보되는 약물들은 중독, 의존증, 부작용 등을 낳을 수 있다. 벤조디아제핀(벤조)는 재낵스, 아티반, 클로노핀, 바륨 등을 아우르는 불안 치료제다. 이 약물들을 가끔 쓰면 공황이나 장시간의 비행기 여행처럼 어쩌다 일어나는 일들로 인한 격리 발작, 혹은 위험한 외상후스트레스장애의 재발에 도움을 준다.

하지만 이러한 약제들은 중독성이 높다. 약은 유용하고 존재 이유가 확실하지만, 모든 정보와 가능한 대안을 모르는 상태로 복용하다 보면 치료제가 증상보다 더 나쁘게 작용할 수 있다.

나는 지금도 간혹 약을 먹는다. 혈액 검사에서 도파민이나 세로토닌이 '불균형'하다고 나왔기 때문이 아니다. 그러면 왜 먹냐고? (조울증 약에 심각한 알레르기 반응을 보여 입원한 경험을 포함하여) 수많은 시행착오를 겪은 끝에 내 들쭉날쭉한 기분을 진정시켜 줄 수 있는 약을 하나 찾았기 때문이다.

정신과에서 처방하는 약의 목표는 우리가 자신의 감정으로부터 빠져나오는 데 있는 게 아니라 (안전하게) 자신의 감정을 느끼도록 돕는 데 있다. 어떤 쪽이든 제대로 알고 선택하려면, 약이 위험할 수 있으며 화학적 불균형 이론이 어디까지나 이론이란 점을 유념해야 한다.

정리하자면, 우리의 뇌는 상당히 복잡한 체계로 되어 있고, '화학적으로 불균형한' 뇌가 어떻게 작동하는지를 정확히 집어내는 간단한 방법은 (지금으로선) 없다. "화학적 불균형은 철 지난 생각과 같아요. 뇌의 작동 원리는 실제로는 훨씬 더 복잡하죠." 하버드 의과대학의 신경과학 전문가 조지프 코일Joseph Coyle 박사의 말에 귀 기울일 필요가 있다.

미신: 불안감은 유전의 문제다.

이 미신을 믿었을 때 나타나는 결과: "그 문제에 관해서 내가 할 수 있는 일이 없겠군."

유전자는 중요한 고려 사항일까? 그렇다. 하지만 환경도 불안감의 등식에서는 중요한 요인이다. 불안감은 한 가지 원인으로 설명할 수 없다.

유전자는 우리의 성향 중 일부를 설명할 수 있겠지만, 유전자 코드가 우리 전부를 정의하지는 않는다. 어떤 이들은 '불안감은 유전적'이라는 이유로 변화 과정을 피하기도 한다. 물론 변화 과정은 고통스러울 수 있고, 인간은 본능적으로 고통을 피하고 싶어 한다. 마크 월린 Mark Wolynn은 후생유전학을 다룬 자신의 흥미로운 저서에서 이렇게 이야기한다.

우리는 고통스러운 감정을 피하려고 하다가 결국 우리가 피하려고 하는 바로 그 고통을 오래 지속시키곤 한다. 그렇게 하면 고통을 지속시키는 처방이 될 뿐이다. 우리가 찾는 바를 못 찾게 하는 탐색의 행위도 문제다. 우리가 외부 요인만 계속 신경 쓰다 보면 나중에 원하는 바를 찾더라도 그 사실을 모를 수 있다. 가치 있는 무언가는 우리 안에 있을 수 있는데, 거기에 귀 기울이지 않으면 그것을 놓칠 수 있다.

우리가 불안감을 비롯한 다른 정신건강 문제를 피하지 못하는 이유는 유전자 때문이 아니다.

미신: 불안감은 정신 장애다.
이 미신을 믿었을 때 나타나는 결과: "나한테 뭔가 문제가 있어."

사전 연락 없이 두 번의 상담에 빠진 42세의 그래픽 디자이너 얀은 몇 주 후 아주 지친 모습으로 내 사무실을 찾았다. 그녀는 오랫동안 폭식증을 참다가 결국 폭식과 게우기를 다시 반복했다. "저한테 무슨 문제가 있는지를 모르겠어요. 늘 불안한데 정확한 이유가 없어요."

불안감에 '원인이 없다'는 생각은 불안 증세에 시달리는 이들이 흔히 갖는 불만이다. 이는 불안감이 정신 장애라는 미신으로 이어진다. 공황발작을 멈추기 위한 빠른 방법은 '원인이 없는 게 아니야… 그게 뭔진 모르겠지만 여기엔 이유가 있어'라는 생각을 되뇌는 것이다. 모든 증상이 맥락상(우리가 그 맥락을 모른다고 해도) 이치에 맞는다고 스스로 상기하는 일은 위안이 될 수 있다. 이유가 '없는' 일이란 없다. 불안감에는 늘 근원이 있다.

안에게 폭식은 심한 갈등을 야기한 이혼과 제멋대로인 자녀로부터 받는 스트레스를 줄여주는 효과적인 기분 전환 전략이었다. 폭식을 비롯한 섭식 장애는 건강에 치명적일 수 있다. 섭식 장애 증상은 심리적인 조치를 취하기 전에 의학적으로 관리될 필요가 있다. 하지만 섭식 장애는 외부와 단절된 상태로 존재하는 병이 아니다. 치료사들은 섭식 장애와 관련해 체계적 접근법을 활용한다. 체계 이론에서는 여러 요인의 복잡한 네트워크가 행동에 영향을 미친다고 본다. 이러한 — 가정환경, 직장, 학교, 유전, 경제적 지위 등을 포함한 — 요인들은 결정과 결과에 영향을 미치는 체계로 함께 기능한다.

뉴욕주립대학교 업스테이트의과대학 정신의학 교수이자 미국정신의학협회의 평생회원인 고故 토머스 사스Thomas Szasz는 『정신질환의 미신The Myth of Mental Illness』에서 이렇게 썼다. "정신의학적 평가가 사회심리적 고려 사항을 외면하거나 따지지 않아서 정신질환의 개인적·사회적 조짐을 인식하지 못하는 경우는 아주 흔하다. 지금까지의 정신의학은 정신질환의 신체 가설을 따라서 작용하기 때문에 사람들이 겪는 문제를 이해하는 데 장애가 된다."

질환이나 장애는 마음이나 몸에 무언가가 잘못된 경우라고 정의된다. 그러나 내 안의 불안감을 들여다볼 때는 무엇이 잘못되었는지가 아니라 무엇이 옳은지에 의문을 가질 필요가 있다. 불안감을 장애나 질환으로 본다면 그것을 고치려는 시도는 실패할 가능성이 높다.

불안감은 '고쳐질' 필요가 아니라 '이해될' 필요가 있다. 우리가 불안감을 둘러싼 요인들을 자세히 살펴보면, 실제로 우리의 '과잉 반응'과 '멘붕'이 맥락상 이치에 맞는다는 사실을 알고 놀랄 것이다.

미신: 불안감은 정신적으로 나약하다는 신호다.

이 미신을 믿었을 때 나타나는 결과: "난 구제불능이구나."

불안감의 존재는 우리의 뇌와 신체가 제대로 작동하고 있음을 의미한다. 불안감은 위험을 가리키거나 우리가 필수적인 메시지를 무시하는 상태를 알려주는 방어기제다. 불안감을 느끼는 것은 나에게 '힘'이 있다는 신호다. 나와 함께한 대다수 내담자는 불안해서 만신창이가 된 듯한 느낌이 드는 게 곧 힘이 있다는 신호라는 개념을 접하면 처음에 멈칫한다.

그러나 감정의 고통은 약하다는 신호가 아니다. 약물이나 술, 음식 또는 넷플릭스 같은 외부 자극으로 도피해 고통을 느끼지 않으려는 시도는 오히려 심각한 결과를 불러올 수 있다. 고통을 못 느끼는 건 재주가 아니다. 예를 들어, 한센병으로 불리는 신체적 고통을 느끼지 못하는 질환의 증상을 보자. 고통이 없으면 스토브가 뜨거운지, 칼이 날카로운지, 자신이 가려운 곳을 너무 세게 긁는지를 절대 알 수 없다. 신체적 고통을 느끼는 능력을 막아버리면 말 그대로 죽음이라는 결과가 따라온다. 마찬가지로 감정의 고통을 느끼는 능력을 막으려 한다면 감정적 죽음이라는 결과가 따라온다.

불안, 공포, 걱정을 구분하라

사람들은 불안, 공포, 걱정이라는 단어들을 서로 바꿔가면서 사용한다. 그러나 이 세 가지 단어는 비슷하지만 다르다. 불안, 공포, 걱정 사이에는 중요한 차이가 있다.

불안

불안은 자동차의 엔진 경고등과 같다. 엔진 경고등은 구체적인 문제와 그 원인을 찾아주지 않는다. 차를 카센터에 갖고 가라는 신호일 뿐이다. 불안은 확실한 근거 없이 몸에서 나타나는 일련의 불편한 신체적 감각이다. 불안은 이름 모를 정서적 상처로 이어지는 자취다.

사회적 불안을 치료하기 위해 온 34세의 내담자 조의 이야기를 들어보자. 조는 직장 내에서 일어나는 불안감을 이해할 수 없어서 나를 찾아왔다. 그녀는 막연히 자신에게 문제가 있을 것이라고 믿었다. '불안 발작'에 너무 집중한 나머지 이러한 감정들에 나름의 기능이 있음을 깨닫지 못했다. 조는 불안의 근거를 알기 위해 흔적을 쫓는 대신에 수치심과 자기 비난에 빠져 있었다.

공포

공포는 얕은 호흡, 빠른 심박수, 땀에 젖은 손바닥, 바짝 마른입, 긴장감 등 불안과 동일한 신체 감각 증상으로 나타난다. 하지만 공포는 불안과 다르게 직접적인 근거와 관련 있다. 그 근거란 때로는 현재의 위험이고, 때로는 미래에 대한 염려다.

　조가 겪은 공포의 원인은 그녀에게 있지 않았다. 그렇다면 진짜 원인은 어디에 있었을까? 그녀가 사회적 상황을 마주했을 때 과거에 신입생 환영 파티에서 성폭행당한 경험을 무의식적으로 떠올렸기 때문이다. 그것은 정신적 나약함이나 질환이 아니라 해결하지 못한 트라우마였다. 그녀의 몸은 사회적 상황을 마주했을 때 트라우마로 인한 공포 반응을 보였다.

　그런데 조는 자신이 그 사건을 이겨내야 하고 그 사건이 '정말 그렇게 나쁘진 않았다'고 애써 외면하며 자신의 감정을 감추는 길을 택했다. 이렇게 감춰진 감정들은 그러나 특정한 사회적 상황에서 결국 공포 반응으로 나타났다. 남자가 여자보다 더 많은 사회적 상황에서는 특히 그랬다.

걱정

　걱정은 공포의 '제로 칼로리 콜라'와 같다. 걱정은 공포와 동일한 몸의 신호를 보내지만 정도가 세지는 않다. 조가 자신의 사회적 불안이 완전히 타당한 공포임을 깨달은 후, 치료의 다음 단계로 나와 그녀는 공포를 걱정으로 바꾸는 일에 착수했다.

　걱정을 다스리는 일은 공포를 '이겨내려고' 하는 것보다 훨씬 쉽다. 조는 위험한 상황을 마주하고 무기력해질까 봐 걱정했다. 이러한 걱정은 맥락상 정말 타당했기 때문에 그녀는 자신을 더는 이상하다고 느끼지 않았다. 수치심을 떨쳐내고 이성적 사고가 가능해지자 그녀는 공포에 무작정 저항하거나 떨기보다는 사교 모임에 참석하는 동안 비상문 근처에 앉는 편을 택했다. 또한 그녀와 나는 자신을 응원해주는 친구와 자주 연락하기, 과거의 고통을 인정하기, 행사에서 일찍 나오기 등 트라우마 대응 전략 리스트를 만들었다. 결국 그녀는 자신의 '사회적 불안'을 완전히 떨쳐낼 수 있었다.

결론: 불안은 장애가 아니라 건강한 신호다

불안 발작anxiety attack은 공격attack이 아니다. 증세episode라고 부르는 편이 더 정확할 것이다. 경험을 표현하기 위해 쓰는 언어는 그 경험을 바꾸는 능력에 막대한 영향을 끼친다. 우리의 몸은 우리를 해치려고 하지 않는다. 자신의 몸이 실제로 자기편임을 깨닫게 되면 더 이상 불안에 떨거나, 수치심과 죄책감에 시달릴 필요가 없다.

수치심과 죄책감의 늪에서 벗어나면, 실행 가능한 해결책을 놀라울 정도로 빨리 찾을 수 있다. 때로 불안이란 자신을 등한시한 결과다. 때로 불안이란 외부적 위협의 결과다. 다시 말해, 불안은 내면의 불완전한 무언가 때문에 나타나는 결과가 아니라는 점을 기억하자.

핵심 정리 ——

• 불안은 자동차의 엔진 경고등과 같다. 이것이 작동하지 않으면 오히려 우리는 망가진다.

- 우리의 뇌는 생존에 맞춰져 있다. 행복하도록 맞춰져 있는 게 아니다.
- 공황 발작은 공격이 아니다. 뇌가 '이야기하자'는 신호다.
- 고통을 느끼지 못하는 능력은 강인함이 아니다. 느끼지 못하는 것이 오히려 더 큰 문제다.
- 불안은 질병이 아니다.
- 불안에는 원인이 있다. 우리가 그 원인을 몰라도 말이다.
- 우울증에 관한 화학적 불균형 이론은 증명된 적이 없다.
- 불안을 외면하기 보다는 이해해야 한다.
- 생존 반응은 불안 장애처럼 보이지만, 실제로는 그렇지 않다.
- 불안은 당신 잘못이 아니다.

행동 규칙 ——

해야 할 일	하지 말아야 할 일
'내가 이렇게 느끼는 이유를 모른다고 해서 이런 감정이 지금처럼 나타나는 정말 좋은 이유가 없다는 뜻은 아니야'라고 생각하기.	"나한테 뭐가 잘못된 거지?"라는 식으로 말하면서 자신에게 수치심 느끼기.
우리의 몸은 우리를 공격하지 않는다는 점을 명심하기. 우리의 몸은 우리를 도우려고 한다.	좋지 않은 기분을 가볍게 넘기는 자세. 몸이 보내는 신호를 무시하면 안 된다.
인생 가운데 결과가 두려워서 드러내기를 망설이는 부분이 있는지 살펴보기.	모든 걸 당장 처리해야 할 것처럼 느끼기. 조심스럽게 감정을 죽여서 하루를 버틸 수 있고 자기 책임을 다할 수 있다면, 감정을 죽여도 괜찮다. 우리에겐 모두 주기적으로 감정을 죽이는 활동이 필요하다.

약과 관련해서 의사와 상담하고, 의존 가능성을 포함하여 나타날 수 있는 부작용을 확실히 이해하기.	의사와 상담하지 않은 상태에서 약물 복용 중단하기. 누군가에게는 약이 구원자가 될 수 있다.

5분 도전 ──

1. 종이 한쪽에 당신의 인생에서 스트레스를 주는 모든 관계를 리스트로 만들라. 종이의 다른 쪽에는 적은 사람별로 다음의 내용을 쓰라.

   "그/그녀/그들 에 대한 나의 진짜 감정은 _____.
   나는 내 감정을 느낄 권리가 있다."

2. 스트레스를 주는 모든 일을 리스트로 만들라. 그리고 마지막에는 이렇게 적으라.

   "내가 억눌린 감정을 받는 건 당연한 일이다. 먼저 _____
   __을(를) 한다면 기분이 훨씬 나아질 것이다."

3. 그 외에 스트레스를 주는 건 무엇이든 리스트로 만들라(신체적 질환, 부담스러운 업무 환경, 경제적 부담 등). 그리고 스트레스를 5퍼센트 덜 수 있는 5분 동안 할 수 있는 행동을 5가지 적으라.

4. 자신에게 전하는 말을 다음처럼 적으라.

   "내가 느끼는 불안감은 타당하다. 이 상황에 처한 사람이라면 누구든 불안해할 것이다. 모든 것을 이해하거나 지금 당장 바꿀 수 없겠지만, 내가 이상한 게 아님은 확신할 수 있다."
   이 문구를 매일 볼 수 있는 곳에 놓아두라.

2장

왜

무기력에서 벗어나지 못할까

우리는
용기와 사랑과 연민의 중요성을
지겹도록 이야기할 수 있다.
하지만 우리의 일상에서
이 요소들을 실천하는 데
방해가 되는 것들을
진솔하게 이야기하지 않는다면,
우리는 절대 변할 수 없다.
절대로.

브레네 브라운Brené Brown의

『나는 불완전한 나를 사랑한다The Gifts of Imperfection』 중에서

내담자들에게 무기력에 빠진 이유를 물으면 처한 상황은 제각각이어도 비슷한 대답이 돌아온다.

"제가 그냥 너무 게으르거든요."

"동기도 의욕도 없어요."

"저한테 뭔가가 잘못됐거든요."

"저는 그냥 시작을 못 할 것 같아요."

"저는 망했거든요."

"제가 미친 거죠."

"안 괜찮거든요."

"제가 시도해봤자 그 사람들이 외면할 거예요."

브레네 브라운은 우리의 불완전함 깊숙한 곳에 선물이 있다고 가르친다. 그녀는 자신의 저서 『대담하게 맞서기Daring Greatly』에서 이렇게 말한다. "진정한 유대는 오로지 우리가 불완전한 자아를 세상에 드러낼 때 나타난다. 따라서 우리의 소속감은 자기 수용 수준을 절대 뛰어넘을 수 없다."

브라운 박사의 연구는 자기 수용의 패러다임을 크게 바꿨다. 우리의 불완전함 속에 선물이 있다면, 우리의 무기력함 속에서도 선물을 찾을 수 있다. 실제로 무기력에 빠질 때, 무의식적인 보상을 경험하는 경우가 가끔 있다. 이 뜻하지 않은 보상 때문에 우리는 지금 자신이 처한 무기력한 상황에서 벗어나지 못한다.

트라우마가 가장 심한 환경도 나름의 보상 방식으로 우리를 꼼짝 못 하게끔 할 수 있다. 20대 중반에 나는 아무도 모르는 텔레비전 방송국의 아무도 본 적 없는 리얼리티쇼에서 조연출로 일한 적이 있다. 뚜렷한 목표 없이 전국을 돌아다니며 해산물 식당 안내원, 스테이크하우스 웨이트리스, 사진 촬영 코디네이터, 프리랜서 잡지 작가, 지하 관리인 등을 전전하다가 TV 프로그램 제작사에 취직한 참이었다. 나는 촬영 중에 사람들을 울게 만드는 능력 덕에 칭찬과 격려를 수없이 받았지만 개인적으로 그 재능이 탐탁지 않았다.

알람은 매일 새벽 3시에 울렸다. 귀를 먹먹하게 하는 날카로운 소리는 거기에 굴하지 않는 나의 몸으로부터 빳빳한 담요를 걷어내고 얼른 출근할 것을 내게 요구했다. 얼굴에 물을 대충 끼얹고, 담배를 몇 대 연달아 피운 뒤, 미지근한 600밀리리터짜리 싸구려 커피를 내렸다. 그러고는 라스베이거스의 으슥한 거리로 향했다. 이후 16시간 동안 촬영팀과 돌아다니며 프로그램에 쓸 학대 관계에 관한 장면을 모았다. 이 방송에 출연한 여성들은 내가 이전이나 이후에 함께 일한 그 누구보다 무기력함을 잘 이해했다. 그리고 그들은 나와 대화를 나누면서 이후 내가 다양한 부류의 사람들에게서 거듭 듣게 된 놀라운 사실을 털어놓았다.

그들이 학대를 벗어나지 못하는 심리

그들에게 들었던 사실을 설명하자면 다음과 같다. 가장 건강치 못한 행동들에도 그 속에는 나름의 보상이 숨어있다. 내가 인터뷰한 대다수 여성은 학대를 당하고도 그 관계에서 보상을 받았다고 믿었는데, 특히 관계 초기에 받았다고 말했다. 이들은 폭력적인 파트너와 함께한 초기 시절을 아쉬워하고 그리워했다. 그들이 '좋은' 시절을 묘사할 때면 꿈을 꾸듯 게슴츠레한 두 눈과 희미한 미소가 초췌한 얼굴에서 드러나곤 했다. 외부자의 관점에서 보면, 폭력 관계는 그 어떤 보상도 줄 수 없을 것만 같지만 나와 인터뷰를 한 학대 피해 여성들은 하나같이 처음에는 아주 행복했다고 밝혔다. 파트너가 거칠게 나올 때도, 이 여성들은 보상의 유혹 때문에 계속해서 제자리로 돌아왔다고 말했다.

학대를 당한 사람이 그 관계에서 쉽게 벗어날 수 있다면 누구든 그렇게 할 것이다. 도박꾼을 보면 알 수 있듯이, 보상의 약속은 반복의 주기를 만들어낸다. 라스베가스 거리에서 만난 여성들은 새롭게 시작하기 두려워서 무기력에 빠졌다. 와서 자신을 구해줄 백기사가 필요하다고 믿었다(이것이 나를 포함한 많은 여성이 믿었다가 피를 보는 미신이다. 나도 폭력 관계 때문에 무기력을 경험한 적이 있어서 다시 시작하는 두려움을 이해한다). 나는 자신을 구해줄 누군가를 외부에서 찾고자 하는 욕망을 이해한다. 트라우마와 학대가 가장 심한 관계에서도 어떻게 보상이 주어질 수 있는지 이해한다. 나도 종교 공동체 안에서의 존경, 경제적 안정, 동료애 등의 보상을 받는 대신 해로운 행동들을 참은 적이 있다. 하지만 폭력적인 관계에 시달리는 사람이 위험한 관계에 머무른다 해도, 학대는 학대당한 사람의 잘못이 절대, 절대, 절대 아니다. '네가 그 상태로 머물러서 숨은 이득을 얻기로 했으니 넌 학대를 받을 만해'라는 말은 그 누구도 해선 안 된다.

무기력에서 벗어나려면 자신의 행동을 솔직하게 대면해야 한다. 자신을 부끄럽게 여기고 자신의 선택을 한탄해봤자 변하는 것은 없다. 자신의 행동에 비판과 한탄을 하는 대신 호기심을 가져야 한다. 호기심은 변화 과정에서 동력원으로 작용한다. 자신의 행동을 호기심을 갖고 보면 그 행동의 좋은 점을 더 쉽게 파악할 수 있다.

내가 건강치 못한 행동의 숨은 이점을 이야기하면, 의심 많은 사람은 꼭 손을 들고 이렇게 말한다. "잠시만요. TV만 보거나 할 일을 늘 미루는 데 이점이 있다는 말을 정말 믿어도 되나요?"

그렇다, 내 말이 정확히 그 의미다. 행동에 대한 이해는 행동의 변화에 중요하다. 더 자세히 설명해 보겠다.

우리의 뇌는 행복이 아닌 생존에 초점이 맞춰져 있다. 우리의 신경계는 최대한 많은 에너지를 갖고 있도록 훈련되어 있다. 목표가 생존일 경우, 무기력 상태는 생존을 위해 자원을 효율적으로 사용하는 뇌의 선택이다. 하지만 목표가 생산성일 경우, 무기력 상태는 문제가 된다. 이상하게 들리겠지만 내가 처한 무기력 상태의 이점을 이해해야 거기서 벗어날 수 있다.

무기력의 이점, 무기력의 아이러니

무기력의 이점 4가지는 다음과 같이 요약할 수 있다.

- 불편을 막는다Prevent
- 감정으로부터 지켜준다Protect
- 관계를 도모한다Promote
- 문제를 짚어준다Point

불편을 막는다

우리는 이불속에 옹기종기 모일 때 따뜻하고 안락한 느낌을 받는다. 무기력 상태로 있으면 변화 과정을 동반한 불편을 막을 수 있다. 우리가 겉으로 드러내는 모습 이면의 복잡한 상태를 파악하려면 용기가 필요하다. 자신의 인간관계, 경력, 습관, 믿음 등을 두려워하지 않고 철저하게 파악한 후에야 무기력에서 벗어나려면 불편한 대화가 필요함을 깨달을 것이다. 변화를 꾀했다가 지금 자신의 상황이 더 위태로워지지는 않을까 걱정된다면, 우리는 무의식적으로 무기력한 상태를 유지할 것이다.

쾌활한 성격을 가진 52세의 이리나는 자신의 불안 증상에 관한 차트, 리스트, 타임라인 등이 빼곡히 담긴 노트를 들고 내 사무실을 찾아왔다. 그녀의 가방에는 자신의 성장기를 담은 글들과 '자신의 불안 장애를 치료하기' 위해 의사로부터 받은 건강보조식품, 의약품 목록 종이가 뭉치로 있었다.

내가 그녀의 사연을 알아내기 위해 상냥하게 다가서자, 그녀는 망설이면서 자신의 직장 생활이 행복하지 않다고 말했다. "하지만," 그녀는 빨간 테 안경 너머로 힘주어 말했다. "정말 좋은 일이고, 사람들도 저를 잘 챙겨줘요. 13년 동안 그 회사에서 일했는데, 만약에 퇴사하면 전부 다시 시작해야 하잖아요. 내 근로 조건은 이야기하고 싶지 않아요. 정말이지 공황 발작을 멈추는 방법을 알고 싶을 뿐이에요."

이리나는 퇴사에 심각한 두려움을 갖고 있었다. 그래서 업무 환경의 부정적인 현실을 보고 싶어 하지 않았다. 그녀는 야근에 시달리면서도 적은 급여를 받았고, 마초적이고 거드럭거리는 관리자의 부적절한 발언을 애써 넘기면서 회사 생활을 견뎌왔다. 그런데도 그녀는 자신이 무기력에서 벗어나는 과정을 거치면 자기 일이 얼마나 비참한지 깨닫게 되고 결국 사표를 내게 될까 봐 걱정했다.

감정으로부터 지켜준다

분노는 부당함을 가리킨다. 슬픔은 상실을 가리킨다. 두려움은 위협을 가리킨다. 계속 무기력한 상태에 있는 것은 고통스러운 감정을 피하는 가장 좋은 방법이다. 감정은 불편하고 무섭고 혼란할 수 있다. 한때 나는 대화 중에 멍해 있고, 학대 관계에 머물러 있었다. 거울로 내 몸을 보고 수치심을 느낄 때에만 내 감정을 기꺼이 마주했다. 인간은 무기력에서 벗어나는 일이 자신의 감정을 마주하는 두려움과 대등하리라고 생각하지 않는 한, 계속 무기력한 상태로 남으려 한다.

관계를 도모한다

나의 외할머니는 뇌동맥류 때문에 갑자기 돌아가셨다. 이후 외할아버지는 어머니를 폭력적인 친척에게 맡겨 키웠다. 당시 어머니는 두 살이었다. 그때부터 불안감이 그녀의 몸에 스몄고, 이후 그녀는 줄곧 무기력에 빠져 지냈다. 우리의 중요한 애착 대상이 큰 불안감을 느끼며 무기력에 빠져 있다면, 그 사람은 우리와 감정적으로 완전한 관계를 맺을 수 없다.

만약 부모와 안정 애착 관계를 맺을 수 없다면, 자녀들은 부모의 행동을 흉내 내어 관계를 맺어 보려고 한다. 나 역시 어린 시절 엄마처럼 예민하고, 불안해하며, 집착하는 성향이 강했다. 엄마를 따라한 것이다. 잠재의식적으로 나는 엄마의 불안감을 공유함으로써 그녀와 유대를 쌓으려고 했다. 이처럼 어린 시절에 겪은 애착 문제 탓에 나는 단절되고 무가치하다는 느낌을 만성적으로 갖게 되었다. 적절한 양육을 받지 못한 어린아이는 자신이 부모처럼 행동하지 않으면 안된다고 믿는다(애착과 가족 역동에 대해서는 7장에서 더 이야기하겠다).

문제를 짚어준다

사람들은 우울하다는 표현과 무기력하다는 표현을 바꿔가며 사용한다. 임상 우울증은 역사적으로 내과 질환으로 여겨져 왔지만, 트라우마와 뇌에 관한 연구에서 대안적인 관점이 제시되었다. 임상 심리학자 필 히키Phil Hickey 박사는 이렇게 썼다.

우울증은 수백만 년 동안 인류에 잘 봉사해온 적응기전이다. 인생에서 일이 잘 풀릴 때 우리의 기분은 좋다. 이렇게 좋은 감정은 본성 나름의 방식으로서, 우리에게 현재 진행 중인 것을 계속하라고 알려준다. 반면에 인생이 잘 풀리지 않을 때, 우리는 낙담하거나 우울해진다. 이 또한 본성 나름의 방식으로서, 우리에게 변화가 필요함을 알려준다.

수년간 임상 우울증을 앓은 당사자로서 나는 이러한 대안적 관점을 마주했을 때 이렇게 생각했다. 잠깐… 뭐? 우울증이 질환이 아니라고? 죽을 것 같거나, 사라져버릴 것 같거나, 몇 주 동안 침대에서 나올 수 없는 사람한테 이렇게 말해 보시지!

지금은 생각이 바뀌었다. 우울증은 문제 그 자체가 아니라 문제를 가리키는 신호다. 불안과 우울증은 서로 다른 팀을 위해 뛰는 듯해도 같은 목표를 갖는다. 환경적 상황 탓에 불안과 우울증을 이겨내는 일이 어렵거나 불가능할 수 있지만, 이러한 뇌의 상태는 우리를 고꾸려 뜨리려는 게 아니다. 불안과 우울증은 우리의 뇌가 우리를 다치지 않도록 보호하기 위해 취한 결과값이다. 그렇다면 우울증은 질병일까? 그럴 수도 있다. 하지만 내가 소셜미디어에서 자주 접하는 익명의 우스갯소리는 중요한 유의사항을 강조한다. "자신을 우울증이나 낮은 자존감을 갖고 있다고 판단하기 전에, 자신이 실제로는 개자식들한테 둘러싸여 있진 않은지부터 확인하라."

의도하든, 의도하지 않았던 우리가 선택한 무기력의 이점을 기꺼이 인정하면 변화의 동력을 얻을 수 있다. 반면에 이를 모르거나 부정하면 수치심이 뒤따른다. 미루는 습관은 '건강치 못한' 행동이 어떻게 이로울 수 있는지에 대한 좋은 예다. 미루는 습관은 게을러서 그런 것이 아니다. 미루는 습관은 땅에 얼굴을 처박고 수치심을 느끼지 않도록 보호하는 방어기제라고 할 수 있다. 아예 저 프로젝트를 끝내지 않거나, 저 일자리에 지원하지 않거나, 그 데이트를 원하지 않거나, 운동 프로그램을 시작하지 않으면 실패와 거절의 위험을 무릅쓸 필요가 전혀 없다. 건강해지길 원하든, 사람들과 의미 있는 관계를 맺길 바라든, 사업을 시작하길 바라든, 창의적인 꿈을 이루길 바라든, 무기력한 상태로 있을 때 얻는 이득은 무궁무진하다.

뇌가 무기력을 선택하는 그 밖의 9가지 이유

1. 에너지를 아낄 수 있다 아무것도 안 하면, 무언가를 하는 데 드는 소중한 에너지를 안 써도 된다.

2. 이미지를 관리할 수 있다 무기력한 상태로 계속 있으면 자신이 '사기꾼'임을 들킬 걱정은 안 해도 된다.

3. 위기를 관리할 수 있다 아무것도 시작하지 않으면, 무언가에 실패할 걱정은 안 해도 된다.

4. 생각을 통제할 수 있다 자신이 품은 생각을 머릿속에만 안전하게 담아 두고 있으면, 그 생각은 계속 통제할 수 있다.

5. 고통에 무뎌질 수 있다 그 무엇도 절대 시작하지 않으면, '언젠가' 하리라는 환상으로 무뎌질 수 있다.

6. 익숙한 상황에 머물 수 있다 우리는 변화로 인한 알 수 없는 위험을 감수하기보다 익숙함이 주는 불편함을 받아들이곤 한다. 그 변화가 긍정적이라 해도 말이다.

7. 안전한 느낌을 받을 수 있다 때로는 가만히 있는 게 더 안전하게 느껴진다.

8. 경제적인 안정을 취할 수 있다 무기력한 상태로 있으면, 알 수 없는 결과를 위한 재원 사용을 안 해도 된다.

9. 안정된 인간관계를 유지할 수 있다 아무것도 안 하면, 관계의 역학을 변화시키는 데 따르는 걱정은 안 해도 된다.

무기력을 무기력하게 만들려면

줄리라는 내담자는 심각한 공황 발작과 심리적 비간질성 발작(신체적 원인이 아닌 감정적 원인으로 인한 발작)을 앓았는데 자신의 신체 반응에 익숙해지고 이를 이해하는 법을 배우고 나서야 상태가 호전되었다. 하루에 15~20회 일어나던 발작은 점차 사라졌다. 줄리는 가장 먼저 자기 비난을 멈추는 것부터 시작했다. 그녀는 자신을 질책하면서 "내 생각이 너무 약해 빠져서 싫어. 나는 왜 이 짓을 못 멈추지? 멈춰야 해!"하고 말하곤 했다. 어린 아기한테 이렇게 외치고 아기가 이해하길 기대한다고 상상해 보라.

"네가 약해 빠져서 싫어. 왜 그만 울지 못하는 거야? 당장 그만 울어!"

아기는 생각이나 표현을 이해할 수 있는 능력이 부족하기 때문에, 이러한 질책은 참 우스워 보일 것이다. 마찬가지로 문제를 생각하고 말하는 행위는 줄리의 문제를 해결하는 데 전혀 도움이 되지 않았다. 왜냐고? 우리 뇌에서 변연계(감정 체계)라 불리는 부위는 논리적 사고나 긍정적 사고에 반응하지 않는다. 말이나 생각으로 무기력에서 벗어나기 힘든 건 우리의 잘못이 아니다. 사고하는 뇌를 가동할 수 있을 때만 문제를 이성적으로 살펴볼 수 있다. 사고와 표현을 통한 문제 해결은 인지행동치료의 주요 개념이기도 하다.

인지행동치료는 정신건강에 관한 증거 기반 접근법이다. 이 모델은 고통스러운 감정을 줄이기 위해 논리적 사고를 활용한다. 인지행동치료는 확실한 자리매김을 한 상태다. 2018년 『심리학 프론티어 Frontiers in Psychology』지에 실린 글에는 이런 이야기가 나온다. "인지행동치료는 확실한 연구 지원을 바탕으로 심리사회적 치료에서 가장 두드러지는 국제적 지표가 된 동시에 여러 장애에서 가장 중요한 치료법으로 자리했다."

그리고 같은 글에서 또 이런 이야기가 나온다. "하지만 많은 상황에서 인지행동치료에 반응하지 않는 환자들이 있는 만큼, 인지행동치료가 효험 있는/효과적인 접근법임에도 아직 개선이 필요한 부분이 있다는 사실은 유념해야 한다. … 따라서 우리는 심리치료의 지속적인 개선이 인지행동치료에 바탕을 두고 이루어질 것이며, 이 분야를 점차 통합적 과학 심리치료로 이끌 것으로 기대한다."

인지행동치료에는 분명 한계가 있다. 사람들에게 자신의 신체가 사고와 감정에 어떻게 영향을 미치는지를 이해시키기 어렵다는 점이 이 모델의 큰 한계 중 하나다. 우리의 감정은 생각뿐만 아니라 신체의 감각에도 영향을 받는다. 줄리는 신체에 기반한 문제를 두고 마음에 기반한 해결책을 활용하려고 했기 때문에 발작을 다스리지 못했다. 인지행동치료는 마음에 기반한 해결책으로서 '느낌'을 바꾸기 위해 사고의 힘을 활용한다. 반면에 신체에 기반한 치료는 '사고'를 바꾸기 위해 느낌의 힘을 활용한다. 우리에겐 이 두 가지 모두 필요하다.

느낌, 감정, 생각을 구분하라

자신의 경험을 바꾸려면 먼저 그 경험을 정확히 명명해야 한다. 무언가를 적절히 표현하는 방법을 모른다면, 거기에 간섭해봤자 실패할 가능성이 크다. 응급실에 가서 자신의 증상을 정확히 설명하지 못하면, 방광염 치료를 위한 항생제만 있으면 되는 상황에서 맹장 수술을 받게 될지도 모른다.

느낌, 감정, 생각의 차이를 몰라서 무기력에 빠지는 경우가 많다. 이 세 가지는 서로 다르다. 이들을 확인하고, 파악하고, 구분하는 방법을 배우면 기분은 물론 전체적인 행복감에서 큰 변화가 생길 수 있다. 정신건강의 전문가라고 자처하는 이들 중에는 느낌, 감정, 생각을 구별없이 사용해 사람들에게 큰 피해를 끼치기도 한다. 이제 이 부분을 해결해보자.

느낌

느낌은 일련의 신체 감각이다. 우리는 피곤할 때 눈꺼풀이 무겁고, 기력이 달리며, 졸리다는 느낌을 받는다. 불안은 심장이 뛰고, 손바닥이 축축해지며, 입이 마르고, 가슴이 조이는 것과 같은 일군의 신체 감각을 동반한다. 꽉 조이고, 느슨하고, 윙윙거리고, 어지럽고, 춥고, 뜨겁고, 피곤하고… 이 모든 게 느낌이다.

이게 왜 중요하냐고? 뇌를 진정시켜서 이성적인 상태로 되돌리려면 자신의 해석과 감정을 등식에서 지우고 먼저 신체의 신호/느낌에 집중할 필요가 있다. '나한테 무언가 문제가 있는 거야' 하고 생각하는 건 해석이다. 그리고 이야기다. '이걸 다스릴 수 있어야 해' 하는 것도 이야기다. 증상에 이야기를 덧붙이면 무기력한 상태에서 벗어날 수 없다. 우선 단순화가 필요하다.

내담자가 감정과 이야기로 가득한 상태에서 내 사무실을 찾아오면, 나는 가장 먼저 "당신 몸의 어디에서 이런 것들을 느끼나요?"하고 질문한다. 이야기와 감정에서 시선을 돌리고 신체 감각에 집중하면, 위축된 느낌은 바로 크게 줄어들곤 한다. 자신의 경험을 관찰하는 행위가 그 경험을 변화시키기 때문이다.

감정

감정은 이야기가 덧붙여진 신체 감각이다. 이번 주 화요일이 되면 당신은 턱이 긴장하고, 주먹은 꽉 쥐며, 심장은 빠르게 뛰는 신체 감각을 경험할지도 모른다. 이건 분노처럼 느껴질 수 있는데, 당신이 승진에 떨어졌다는 이야기가 있기 때문이다. 토요일이 되면 당신은 턱이 긴장하고, 주먹은 꽉 쥐며, 심장은 빠르게 뛰는 똑같은 느낌을 경험할 지 모른다. 하지만 이 느낌은 분노보다는 흥분으로 느껴질 텐데, 여름 내내 준비한 하프 마라톤을 곧 시작할 것이기 때문이다. 화요일의 분노와 토요일의 흥분 사이에는 당신의 이야기라는 차이가 있다.

느낌 + 이야기 = 감정. 이야기는 우리의 신체 감각에 더해져 감정을 만들어낸다. 우리는 발목이 부러져서 생기는 고통을 감정이라고 부르지 않는다. 위경련을 감정이라고 판단하지 않는다. 모두 느낌이다.

이게 왜 중요할까? 무기력함을 느낀다는 건 우리의 수치심과 미흡함에 관한 이야기를 반영하는 일련의 막연한 신체 감각이라서 무서울 수 있기 때문이다. 우리가 여러 증상을 추상적이거나 미묘한 게 아닌 구체적이고 생리적인 것으로 볼 때, 그 증상들을 견디기 쉽고 줄이기도 훨씬 더 쉬워진다.

내가 심리적으로 위축된 내담자들을 상대할 때 가지는 최우선 목표는, 그들이 무기력함을 넓은 개념으로 보고 실재하는 무언가로 받아들이도록 돕는 데 있다. 매디라는 29세의 내담자를 예로 들어보겠다. 매디는 상담실 의자에 앉는 순간부터 땀을 흘리고 과호흡을 했다.

> 매디: 미칠 것 같아요. 지금 너무 불안해요. 죽을 것만 같고, 계속 이런 느낌을 갖는 저 자신한테 정말 화가 나요. 저한테 뭐가 문제일까요?
>
> 나: 지금 정말 위축된 느낌을 받는군요. 불안감이 몸의 어디에서 느껴지는지 말해줄 수 있나요?
>
> 매디: 가슴이 조이고, 심장이 엄청 빨리 뛰어요.
>
> 나: 그럼 가슴이 조이는 현상에 집중해볼까요?
>
> 매디: 네.
>
> 나: 좋아요. 가슴의 조임에 대해서 당신이 알게 된 특성을 얘기해주세요. 색이나 모양이 있나요?
>
> 매디: 빨간색의 큰 공 같아요.
>
> 나: 그 빨간색의 큰 공은 크기가 어느 정도인가요? 그게 어디서 시작하

고 끝나는지 정확한 위치를 찾아낼 수 있나요?

매디: 크기는 자몽 정도인 것 같아요. 저의 목구멍 바로 밑에서 시작해서 가슴 중앙에서 끝나고요.

나: 몸에서 이게 느껴지는 부분에 손을 갖다 대보겠어요? 그 자몽 크기의 공이 말을 할 수 있다면 지금 당신에게서 무엇을 필요로 할 거라고 생각하나요?

매디: 여유를 갖고 자기를 챙겨주길 바랄 것 같아요.

나: 여유를 갖고 그걸 챙기는 일이 당신한테는 납득할 만한가요?

매디: 음, 사실… 맞아요. 이번 주는 정신없었거든요. 어머니가 편찮으셔서 평소에 하는 운동이나 식단 계획도 못 했어요. 어머니는 요양 시설에 들어가실 필요가 있을 것 같아요. 코로나도 그렇고….

이때부터 매디는 자신의 논리 스위치를 다시 켤 만큼 흥분을 가라 앉힐 수 있었다. 그제서야 우리는 어머니의 건강 상황에 관한 그녀의 생각을 정리하고 부양 스트레스에 대처하기 위한 전략을 상의할 수 있었다.

그녀의 관심이 신체의 감각을 향하자, 공황은 진정되고 그녀의 생각은 뚜렷해졌다. 우리가 무기력한 상태의 건강상 이점을 이야기할 때, 매디는 불안이 주는 이점 중 하나가 에너지임을 깨닫고 놀라워했다. "그 생각을 정말로 멈췄을 때," 그녀는 인정했다. "아주 신나는 기분을 더는 못 느끼면 우울증이 덮쳐서 아무것도 못 할까 봐 두려웠어요. 불안감은 끔찍하지만 많은 에너지를 주죠."

자기 행동에 대한 이점을 파악하는 일은 매우 중요하다. 자신이 무기력함을 느낀다고 부끄러워하지 말고 그 안에 담긴 이야기를 찾으라. 매디의 경우를 보면 우리가 그녀의 마음속에 있던 느낌을 확인하고 자기 관리를 다시 하고자 하는 그녀의 욕구를 인식했을 때, 자신이 미쳤다는 그녀의 이야기는 결국 바뀌었다. 그녀는 자신에게 이렇게 말하는 법을 배웠다. "물론 난 위축된 느낌이 들어. 나를 잘 돌보지 못했고, 엄청난 책임을 지고 있거든. 이건 이해할 수 있는 일이야."

생각, 느낌, 감정을 뒤섞으면 해결책을 얻는 데 필요한 탐색이 불가능하다. 이는 산길 표시는 없고 쓰레기가 길을 막고 있는 국립공원에서 자신이 가야 할 길을 찾으려고 하는 것과 비슷할 것이다. 매디의 경우, 우리가 문제로부터 이야기("미칠 것 같아요")와 감정("저 자신한테 정말 화가 나요")을 들어내고 느낌(조이는 가슴)에 먼저 초점을 맞추니 흩어진 조각들을 정리하기가 쉬워졌다.

생각

생각이란 발상, 신념, 관점, 의견, 판단과 같은 정신적 구성체다. 생각은 신체 감각을 동반할 수도 있고 아닐 수도 있다. 예를 들어, 가족과 함께하는 해변 여행을 생각하다가 복부 쪽에 따뜻한 느낌을 받을 수 있다. 끔찍한 이혼을 생각하다가 갑자기 어지럽고 지친 느낌을 받을 수 있다. 마감이 닥친 업무를 생각하다가 멍해질 수도 있다. 인지행동치료는 생각에 초점을 맞추어 느낌을 바꾸고자 한다. 때로는 이게 유용할 수 있지만 우리는 자신의 생각이 비논리적이란 것을 알고 있을 때조차도 생각하기를 멈추기 어렵다.

따라서 위축된 느낌이 들거든, 여유를 조금 가지면서 구체적인 신체 감각을 의식해보라. 그 감각이 나에게 전달하려고 할 수 있는 무언가에 호기심을 가져보라. 그러고 나서는 무기력한 상태로 남아서 얻는 게 무엇인지 자문해보라. 이 과정에서 판단이나 수치심이 개입하지 않도록 주의하라. 이는 사실 파악과 자료 수집에 관한 연습이다. 자기 비난, 자기 수치, 자기혐오의 불구덩이에 또 다른 통나무를 던져넣을 필요는 없다. 참고로 신체 감각과 행동 이익에 관해 꾸준한 기록을 남기면, 안도감의 속도를 높이고 증상의 속도를 낮추는 데 도움이 될 수 있다.

결론: 자신을 이해한 만큼 행복할 수 있다

감정, 느낌, 생각은 모두 포용과 호기심의 차원에서 환영받을 필요가 있다. 인생에서 용기 있게 탐험해야 할 영역 중에는 연인 관계, 우정, 일, 가족 역동, 영성, 경제적 안녕, 신체 건강, 창의성, 재미 등이 있다. 내적 경험을 받아들이기 시작하면, 무기력은 더는 후견인 노릇을 할 필요가 없다. 자신의 느낌을 적극적으로 받아들이고 불편한 신체 감각을 조금씩 견뎌내며 실체의 이면을 용기 있게 살피다 보면 무기력에서 벗어나 행복과 치유의 길을 가게 된다.

나는 매일 다른 사람들의 감정을 살피는 일을 하고 있지만 여전히 내 개인의 감정을 다루기란 쉽지 않은 도전이다. 계속 늘어만 가는 할 일 목록에서 신체 감각을 다루는 일은 별개의 추가 사항처럼 여겨지기도 한다. 내담자들은 내게 종종 이렇게 말한다. "이걸 할 수 있을지 모르겠어요, 브릿 ― 할 게 정말 많네요." 그렇다. 감각을 표현하는 데 더 능숙해지는 일은 어려울 수 있다. 처음엔 확실히 그렇다. 하지만 나는 이렇게 말한다. "맞아요, 이건 어려워요. 노력이 필요해요. 하지만 지금 하지 않으면 나중에 더 큰 노력이 필요하죠."

인간관계를 잃거나, 일자리 기회를 놓치거나, 며칠간 침대를 떠나지 않거나, 창의적인 활동을 외면하면서 무기력한 상태로 계속 있으려면 사실 엄청난 노력이 필요하다. 무기력을 다루는 쉬운 방법이 있다는 미신이 있는데 쉬운 길은 없다. 어려운 길 두 가지뿐이다. 계속 돌고 돌고 돌기만 하거나, 시작·중간·끝이 있는 길. 희망적인 소식을 하나 전하자면 일반적으로 느낌을 대면할 때 받는 고통은 느낌을 피할 때 받는 고통보다 다루기 쉽다. 우리는 자신의 모든 부분을 이해하고 받아들이는 정도까지만 진정한 기쁨을 누릴 수 있다.

핵심 정리 ――

- 대부분의 행동에는 혜택이 따른다. '나쁜' 행동도 마찬가지다.
- 무기력한 상태는 뜻밖의 이점이 있다.
- 우리의 행동을 변화하려면 무엇보다 그 기능을 이해해야 한다.
- 무기력한 상태에 머물면 실패와 배제를 피할 수 있다.
- 우리의 뇌는 행복이 아닌 생존에 초점이 맞춰져 있다.

- 우리의 신경계는 에너지를 보존하도록 만들어져 있다.
- 수치심은 우리를 계속 무기력하게 만든다.
- (자신을 수치스러워하지 않고) 자신의 행동에 호기심을 가지면 무기력함에서 벗어날 수 있다.
- 상당수 정신적 증상은 정신질환이 아닌 신체 반응이다.
- 느낌을 피하는 것이 있는 그대로 느끼는 것보다 힘이 든다.

행동 규칙 ——

해야 할 일	하지 말아야 할 일
나는 내 몸의 어디서 상황을 느끼는 걸까? 라고 생각하면서 자기 몸과 가까워지기.	이유를 자문하면서 자신을 괴롭히기. "나는 왜 이리 호들갑스러울까?"는 도움 되는 질문이 아니다.
자신이 무기력한 상태에 머물면 무엇을 얻는지 자문하기.	무기력한 상태에 머물러 봤자 좋은 점이 없다고 생각하며 자신을 기만하기.
무기력한 상태에서 벗어나면 어떤 일이 생길 수 있는지 고려하기. 혹시 자신의 기분이 나아져서 바뀔까 봐 두려운 관계가 있는가?	변화를 두려워하는 데 부끄러워하기. 사람들은 대부분 변화를 어느 정도 두려워한다.
우리의 뇌가 논리, 사고, 표현 등에 늘 반응하지는 않음을 기억하기.	자신이 만신창이가 되거나 미쳤다고 가정하기. 우리의 행동에는 늘 이유가 있다. 우리가 그 이유를 모른다고 해도 말이다.

5분 도전 ——

1. '윽박' 리스트에 이제껏 자신에 대해 비난하고 윽박지른 것들을

모두 적고 각각에 대해 동정 어린 반박을 덧붙이라. 예를 들자면 다음과 같다.

비판적 자기 대화	동정 어린 자기 대화
"난 너무 게을러. 구리지."	"나의 뇌는 내가 무기력한 상태에 머물면 위험하지 않을 거라고 생각해."
"난 절대 아무것도 할 수 없을 거야."	"난 할 수 있는 건 하고 계속 시도할 거야."

2. 자신의 행동이 낳는 보상에 관해 솔직해지라. 다음에 나오는 표를 노트에 옮겨 적고 비용-편익을 분석하라.

비용-편익 분석

행동	행동을 지속할 때 드는 비용	행동을 지속할 때 얻는 이익	행동을 변화시킬 때 얻는 이익

3. 두려움/욕구/자원 목록. 자신의 가장 큰 두려움 세 가지, 자신의 가장 큰 욕구 세 가지, 자신에게 도움이 될 수 있는 가장 큰 가용 자원 세 가지를 리스트로 작성하라.

내가 가장 두려운 것

1. _____

2. _____

3. _____

나의 가장 큰 욕구

1. _____

2. _____

3. _____

나의 가장 큰 가용 자원

1. _____

2. _____

3. _____

3장

무기력을
무기력하게 만드는 법

우리는
사람 배에 칼을 갖다 대고
어떻게 하면 행복하겠느냐고
묻지 않는다.
행복은 더 이상 중요하지 않다.

닉 혼비Nick Hornby의
『하우 투 비 굿How to Be Good』중에서

『말레우스 말레피카룸(Malleus Maleficarum, 마녀 잡는 망치)』은 16세기 마녀사냥의 인기 매뉴얼이었다. 이 지침서의 제목이 호그와트 주문처럼 들리겠지만 유럽에서 200년 동안 마녀사냥 마니아를 양산하여 높은 평가를 받았던 자료다. 훌륭한 학자들과 신학자들은 "너는 무당을 살려두지 말지니라"라는 「출애굽기」 22장 18절 글귀를 기반으로 이 글을 썼다. 『말레우스 말레피카룸』은 가혹하고 광범위한 피해와 더불어 당대에 가장 우월했던 사고를 대변한다. 마녀와 마법에 얽힌 여성 혐오적이고 가부장적인 시각은 오늘날까지 영향을 미치고 있다.

1500년대에 사람들이 받았던 의학적 치료도 생각해보라. 격리와 매질은 정신질환 치료의 기본 관습이었다. 심리적 장애를 앓은 사람들은 악령에 사로잡히거나 사회에 위험 요소가 되는 존재로 여겨졌다. 전염병을 치료하고자 한 의사들은 질병을 물리치기 위해 피해자들을 수은으로 칠하고 뜨거운 가마에 넣었다. 사혈(몸에서 피를 빼내는 방법)은 열을 다스리기 위한 기본 치료법이었다. 만약 우리가 프랑수아-조제프-빅토르 브루세François-Joseph-Victor Broussais[6] 박사에게 치료를 받았다면 온몸이 거머리들로 뒤덮였을 것이다. "[브루세 박사는] 공격적인 사혈과 거머리 치료의 확실한 지지자였다. 그는 염증이 생겼다고 여겨지는 신체 기관 위에 거머리를 놓는 방식을 신봉했다."

운 좋게 마녀 혐의를 피하고 피에 굶주린 거머리들에게 물리지 않았더라도, 16세기에 외모를 개선하길 바랐더라면 화를 입었을 것이다. 엘리자베스 1세Queen Elizabeth I는 최초의 인플루언서 중 한 명이었다. 그녀의 짙게 화장한 얼굴, 목둘레의 주름 깃, 정교하게 세공된 장신구 등은 당대의 미의 기준이었다. 하지만 불행히도 그녀가 좋아했다고 알려진 — 베네치아 분粉이라 불리는 — 메이크업은 물, 납, 식초로 이루어진 유해 혼합물이었다. 이 혼합물은 피부 변색, 탈모, 치아 손상 등의 끔찍한 부작용을 낳았다.

당시에 널리 퍼진 한 가지 믿음이 더 있다. 바로 무기력함을 느끼는 것은 게으르거나 동기부여가 부족하기 때문이라는 믿음이 그것이다. lazy(게으르다)라는 단어의 기원은 16세기 중기 저지 독일어Middle

---

6   프랑스 혁명·제정 시대에 활동한 프랑스의 외과의(1772~1838).

Low German 중 lasich라는 단어에서 기인했는데, 이는 무기력이 의지박약이나 건강 상의 문제라는 당대의 인식을 반영하고 있다.

모두가 알다시피 역사적 진보와 함께 미에 관한 기준과 화장법은 베네치아 분을 넘어서 진화했다. 의학적 치료는 사혈에 더는 묶여 있지 않다.[7] 목사들은 더 이상 "남자를 유혹하고 매혹하며 소유할 뿐 아니라 거세까지 하여 음경들을 재미있는 독립적 존재로서 모아두곤 하는 여성이 분명한 악의 근원이다"라는 믿음에 기대어 여성들을 마녀로 몰아 죽이지 않는다.

그러나 수 세기 동안 여러 방면에서 진보가 이루어졌음에도, 웬일인지 무기력에 대한 인식은 크게 바뀌지 않았다. 게으름이란 표현은 우리 뇌가 나름의 작동방식으로 '선택'한 무기력을 여전히 도덕적인 잣대에 묶어 두고 있다. 무기력은 뇌의 선택이지 도덕의 문제가 아니다.

뇌는 행복에 관심이 없다

뉴런과 교질 세포에 관한 내용을 모두 읽어야 한다는 생각에 눈앞이 캄캄해진다면, 두려워 말라. 모든 걸 알 필요는 없다. 자신을 행동

---

7   사혈과 거머리 치료법은 기술적으로 여전히 활용되고 있지만, 우리의 모든 질병에 적용될 만한 치료법은 아니다.

하게 할 정도까지만 알면 된다. 이렇게 생각하라.

- 자동차를 운전하기 위해 자동차 정비공이 될 필요까진 없다. 연료가 부족하면 주유소에 갈 만큼 충분히 안다. 기름이 떨어져 차가 멈췄다고 해서 자신의 차가 완전히 박살났다고 생각하지 않는다.

- 바이러스성 위염 증상을 치료하기 위해 의사가 될 필요까진 없다. 아프기 시작하면 수분을 보충하고 쉴 만큼 충분히 안다. 이게 바로 내 본 모습이지, 하고 생각하지 않는다.

- 무기력에서 벗어나기 위해 신경과학 학위를 딸 필요는 없다. 자신이 집중을 못 할 만큼 흥분하거나 제 기능을 못 할 만큼 지쳐 있다면, 뇌에 대해서 충분히 알고 효과적인 해결책을 얻으면 된다.

이 장에서는 무기력의 원인이 되는 트라우마와 그것이 뇌에 영향을 미치는 원리, 효과적인 트라우마 관리법을 이야기할 것이다. 누군가는 손을 들고 "그런데 저는 트라우마가 없어요"라고 주장할 수 있는데 이 장에서는 극심한 폭행, 학대, 자연재해로 인한 트라우마는 논하지 않는다. 그러니 끔찍한 기억을 들춰내거나 부모한테 화를 낼 일은 없다.

왜 트라우마를 이야기해야 할까? 마음은 생산적인 상태에 있고 싶은데 뇌가 미루기 상태에 있다면, 우리는 게으른 게 아니라 생존의 뇌라고도 알려진 트라우마 반응을 경험하고 있는 것이다. 2020년에 아무 데도 못 가거나 아무것도 못 하던 시기를 기억하는가? 환경이 안전하지 못해서 모두 봉쇄된 채 지내야 했다. 봉쇄는 위협 때문이지 인류에게 동기가 부족하거나 선천적인 게으름이 있어서가 아니었다. 생존의 뇌는 우리가 확실히 안전해질 때까지 우리의 모든 목적, 계획, 야망을 한군데 모아 격리한다. 이제부터 그 작동 원리를 설명해 보겠다.

생존의 뇌

우리 뇌의 주요 기능은 우리를 행복하게 하는 게 아니라 계속 생존하도록 하는 데 있다. 우리가 체내 에너지를 보존할 필요가 있다고 느끼지 않을 때도 우리 뇌의 많은 메커니즘은 우리 의지와 상관없이 생존에 필요한 에너지를 보존하려 한다. 우리의 뇌는 우리를 포식자로부터 안전하게 지키기 위해 사전 준비를 한다. 뇌에게는 생존이 가장 중요하다. 우리가 앉은 자세로 명상하고 싶다 해도, 우리의 뇌는 영적인 목표를 우선시하지 않는다. 우리가 마침내 기업가 정신에 관한 교육 과정에 들어가고 싶다 해도, 우리의 뇌는 승진을 우선시하지 않는다.

우리가 지금 위험에 처해 있지 않더라도 뇌는 나중에 위험이 올 거라고 믿을 것이다. 우리 뇌의 주된 과업은 우리의 에너지 수요를 예측해 대비하는 것이다. 이게 바로 생체 적응allostasis이다. 리사 펠드먼 배럿Lisa Feldman Barrett 박사는 『이토록 뜻밖의 과학Seven and a Half Lessons About the Brain』에서 이렇게 썼다. "우리 뇌가 하는 가장 중요한 일은 우리가 효율성 있게 가치 있는 움직임을 보이고 생존할 수 있도록 에너지 수요가 늘기 전에 그것을 예측하여 우리의 몸을 통제하는 — 생체 적응을 관리하는 — 데 있다." 우리의 뇌가 에너지를 부정확하게 "예산"하면, 우리는 너무 많은 에너지를 쓰거나 충분한 에너지를 생산하지 못할 수 있다. 부정확한 "뇌의 예산"은 우리의 몸과 마음을 엉망으로 만든다.

다음 상황을 생각해보자. 만약 우리가 생일 촛불을 켜는 방법이 토치램프를 쓰는 것밖에 없다고 믿는다면 어떨까? 촛불이 다 녹아버리는 참사가 일어나고 소방차를 불러야 할지도 모른다. 이와 반대로 겨울에 성냥불 근처에 서서 워밍업을 시도한다고 상상해 보라. 성냥은 우리에게 충분한 에너지를 주지 못하기 때문에 워밍업에 도움이 되지 않을 것이다.

뇌가 평소보다 더 많게 혹은 더 적게 에너지를 쓸 때, 이것을 생체 적응 상태allostatic state라고 한다. 생체 적응 상태는 곰에게 쫓기거나 올림픽 금메달을 따려고 할 때 도움이 된다. 반면에 쉬고 싶을 때나 프로젝트를 시작할 때는 도움이 되지 않는다. 트라우마 반응이란 우리의 몸이 위협을 받지 않는 상황에서 생체 적응 상태로 진입할 때를 가리킨다.

트라우마 반응

트라우마 반응은 너무 많은 에너지(불안/공황/주의력 결핍증) 혹은 너무 적은 에너지(우울증, 피로/지연)처럼 보일 수 있다. 무기력에서 벗어나려면 트라우마에 대한 기본적인 이해가 필요하다. 자신에게는 트라우마가 없다고 생각해도 상관없다.

"나는 너무도 안전한데 나의 뇌는 왜 위험을 두려워할까?"

우리의 이성은 우리가 안전하다고 판단할 수 있지만, 동작을 부추기는 것은 몸이다. 우리 몸이 안전하다고 '느끼거나' 위험하다고 '느끼는' 것을 우리는 '의식적으로' 결정하지 않는다. 스티븐 포지스 박사는 『다미주 이론』에서 이렇게 썼다. "안전의 역할에 대한 우리의 오해는 우리가 안전의 의미를 안다고 생각한다는 가정에서 출발할 것이다. 이 가정은 재고할 필요가 있는데, 우리가 안전을 묘사하는 데 사용하는 단어들과 안전에 대한 신체적 느낌이 서로 모순될 수 있기 때문이다."

안전과 위험에 대한 내적 신호를 묘사하는 법을 배운 사람은 거의 없을 것이다. 예를 들어서 내 몸에서 지금 내가 안전한 느낌을 받는 부위가 어디지, 하고 자문한 적이 있는가? 유전학, 병력, 원가족, 환경, 관계적 상황, 심지어 날씨까지도 안전에 대한 우리의 무의식적 지각에 영향을 미칠 수 있다. 포지스 박사는 이렇게 덧붙인다. "자각적 인식 영역 밖에서 우리의 신경계는 계속해서 환경 속의 위험성을 따지고, 판단하며, 적응 가능한 행동들의 우선순위를 정한다."

이때 논리와 이성은 뇌가 안전 계획을 세우는 데 끼어들지 못한다. 따라서 게으름과 동기 부족은 나쁜 습관이 아니라 트라우마 반응(신체 반응)으로 봐야 한다. 중독 전문가인 가보르 마테Gabor Maté는 이렇게 썼다. "현대인은 자기 몸에서 어떤 일이 일어나는지를 더는 느끼지 않는다. 그렇기 때문에 자기 보존적인 방법으로 행동할 수 없다. 스트레스의 생리는 우리의 몸을 조금씩 갉아 먹는데 우리가 그 신호를 더는 능숙하게 알아챌 수 없기 때문이다." 자신에게 트라우마가 있는지 모르면 그것을 움직일 수 없다. 자신에게 트라우마가 있는 지 알고 싶다면 다음 목록의 지표들을 고려하라.

트라우마의 징후들

- 우유부단하다
- 사과를 과하게 한다
- 아니라고 말하기 어려워한다
- 주의력결핍장애/주의력결핍과다행동장애/강박장애가 있다[8]
- 남의 비위를 맞추려 한다

---

8   주의력결핍장애/주의력결핍과다행동장애/강박장애는 보통 트라우마 반응인데, 그렇다고 그 증상들을 다스리기 위해 약을 쓰면 안 된다는 뜻은 *아니다*. 약을 끊기 전에는 늘 의사와 상담하라.

- 완벽주의가 있다
- 조바심을 낸다
- 휴식을 쉽게 취하지 못한다
- 놀라는 걸 싫어한다
- 할 일을 미룬다
- 생산적이고 싶을 때 게을러진다
- 쉬고 싶을 때 일을 멈출 수 없다
- 놀란 반응을 과장되게 한다 (늘 흥분한다)
- 성생활을 잘 즐기지 못한다
- 죄책감 없이 음식을 잘 즐기지 못한다

"그런데 잠시만요," 누군가 이렇게 주장할 것이다. "저는 전쟁을 경험하거나, 폭행을 당하거나, 자연재해를 당하거나, 그런 경험이 전혀 없었어요! 그런데도 어떻게 저한테 트라우마가 있다고 할 수 있는 거죠?"

"트라우마가 있다"는 건 불행한 유년기를 보냈다는 뜻이 아니다. 끔찍한 기억을 억눌렀다는 뜻도 아니다. 학대를 당했다는 뜻이 아니다. 트라우마에 대한 혼란은 왜 이리 많은 걸까?

나와 함께한 내담자 다수는 자신이 잠을 못 자고, 쉬지 못하고, 목표를 이루지 못하고, 생각을 관리하지 못한다고 말한다. 그러면서도 '트라우마가 있다'는 게 어떤 뜻인지 배운 적이 없기 때문에 내게 종종 이런 이야기를 한다.

- "하지만 저한테는 트라우마가 없어요. 돈도 충분하고, 먹을 것도 충분하고, 사는 곳도 안전하죠."
- "하지만 저한테는 트라우마가 없어요. 어렸을 때 학대당한 경험이 없거든요."
- "하지만 저한테는 트라우마가 없어요. 나쁜 일이 겪은 적이 없거든요."
- "하지만 저한테는 트라우마가 없어요. 멋진 가족을 두었거든요."
- "트라우마요? 전혀 들어본 적이…"

앞서 들었던 예시로 돌아가 보자. 우리가 자동차에 연료를 채울 줄 모르면, 차를 움직일 수 없다. 위염에도 휴식을 취할 줄 모르면, 몸은 계속 아프다. 트라우마가 작동하는 원리를 모르면, 무기력함은 계속된다. 이 부분을 최대한 간단하게 표현해보겠다.

당신에게는 해결하지 못한 트라우마가 있다. 나도 그렇다. 우리 모두 그렇다. 인간이라면 누구나 트라우마는 어느 정도 갖고 있다.

이 말은 사람들을 불쾌하게 만들기 쉽다. 가정 폭력과 성적 학대를 경험한 생존자로서 나도 이해한다. 어떤 생존자들은 모두에게 트라우마가 있다는 의견에 멈칫한다. 그리고 이렇게 말한다. "글쎄요, 트라우마가 모두에게 있다면 아무에게도 없는 거나 마찬가지죠. 우리 모두에게 트라우마가 있다면, 그건 저한테 있었던 일을 얕보는 거 아닌가요?"

　반대로 자신을 생존자로 보지 않는 이들은 트라우마 개념에 경직된 모습을 보인다. 그들은 이런 식으로 우려한다. "글쎄요, 저한테 트라우마가 있다면 제가 부모를 싫어하고, 하던 일을 관두고, 다음 10년 동안 치료만 받으면서 지내야 한다는 뜻인가요?" 우리는 이 논쟁을 멈출 필요가 있다. 우리한테 트라우마가 있는지를 확인하기 위해 먼저 트라우마의 정의부터 따져보자.

트라우마란 무엇인가

　트라우마 임상의로서 나는 피터 레빈Peter Levine 박사의 정의를 따른다. 그는 트라우마 치료에 대한 신체 기반 접근법인 신체경험치료를 발전시킨 인물이다. 레빈 박사는 본인의 연구가 "스트레스 생리학, 심리학, 행동학, 생물학, 신경과학, 토착 치료 관행, 생물물리학 등의 종합적인 학습"을 통한 결과물이라고 밝힌다. 그는 트라우마를 "너무 많거나, 너무 빠르거나, 너무 이른" 모든 것으로 정의한다. 트라우마는 외부적 사건이 아닌 내부적 과정이다.

　레빈 박사는 "트라우마는 우리에게 일어나는 일이 아니라 확실한 증거 없이 속으로 품고 있는 것"이라고 했다. 트라우마는 우리의 뇌가 정보를 처리하고 소화하지 못하는 상태를 가리킨다. 더 간단히 말하자면, 트라우마는 뇌의 소화불량이다. 그리고 트라우마 반응은 뇌의 소화불량에 따른 결과로 나타나는 현상이다.

　트라우마라는 표현이 무섭게 들리겠지만, 그저 우리의 뇌가 위축되었음을 가리키는 임상적 표현일 뿐이다.

당신은 스스로를 트라우마 생존자로 여기지 않겠지만, 혹시 위축된 느낌을 받은 적이 있는가? 아무것도 하지 않은 상태에서 무기력함을 느껴본 적이 있는가? 아무리 자신을 다그쳐도 제 할 일을 시작하지 못해서 당황한 적이 있는가?

그게 바로 트라우마 반응이다. 당신의 뇌가 지금 생존을 위한 최선의 방법으로 문을 닫아버리자고 선택한 것이다. 잠을 못 자거나, 쉬지 못하거나, 여유를 갖고 집중할 수 없거나, 완벽하게 일해야 한다는 압박감을 계속 느낀 적이 있는가? 이 또한 트라우마 반응이다. 이것을 투쟁-도피 상태라고 한다.

트라우마에 얽힌 미신

트라우마 반응은 정신질환으로 오진될 때가 있다. 정신적 이슈가 꼭 정신질환은 아니다. 트라우마는 질환이 아니라 상처이며 치유할 수 있다. 다음 표는 트라우마에 관한 주요 미신들이다.

트라우마에 관한 미신	트라우마의 진실
우리는 용서하지 않으면 극복할 수 없다.	용서는 영적 이상일 뿐이다. 트라우마를 극복하는 데에는 필요 없다.
할 일을 미루는 습관은 성격적 결함이다.	할 일을 미루는 습관은 우리 뇌의 트라우마 반응이다.

게으름은 우리가 할 일을 하지 못하는 이유다.	게으름 역시 트라우마 반응이다.
내게 상처를 줄 의도가 없었다면, 나를 괴롭혀서는 안 되었다.	의도는 영향을 부정하지 않는다. 예를 들어서 나는 내 차로 당신을 칠 의도가 없었지만, 내 의도가 좋다고 해서 내 차가 당신의 다리를 부러뜨리지 못하는 건 아니다.
이성적 사고로 할 일을 미루는 습관을 버릴 수 있다.	긍정적인 확언은 논리가 확실히 작용할 때나 통한다. 우리의 뇌가 안전을 인식할 때까지, 사고는 작동하지 않는다.
극복하려면 평생이 걸린다.	자신의 뇌를 생존 모드에서 빼내는 데 10년 동안 치료받을 필요는 없다.
내가 기억하지 못하는 건 내게 영향을 미칠 수 없다.	우리의 몸은 모든 경험을 기록한다. 마음이 잊은 것조차 말이다.
기억을 치유하려면 되살려야 한다.	무기력한 상태에서 벗어나기 위해 굳이 기억을 되살릴 필요는 없다.
트라우마는 정신질환이다.	트라우마는 상처다. 치유할 수 있다.
우리에게 일어날 수 있는 일들만 트라우마를 낳을 수 있다.	다른 사람의 경험을 목격함으로써 트라우마를 겪을 수 있다. 이를 2차 트라우마라고 한다.
지금 갖는 느낌을 왜 느끼는지 알 필요가 있다. 그렇지 않으면 우리에게 무언가 문제가 있다는 뜻이다.	무언가가 우리를 괴롭히거나 자극하는 이유를 이해하지 못할 수 있지만, 맥락을 따져보면 모든 건 이치에 맞는다. 우리는 미친 게 아니다.
쉬면서 호흡을 가다듬어야 한다.	억지로 심호흡하면서 휴식을 취하려고 하는 건 우리의 몸에 트라우마를 다시 가져다주고 상황을 악화할 수 있다.

안 좋은 것들만 트라우마를 야기한다.	우리 뇌의 처리 능력을 넘어서는 모든 것이 트라우마를 야기할 수 있다.
자신의 이야기를 말로 해야 치유할 수 있다.	치유를 위해 자신의 이야기를 말로 할 필요는 — 굳이 알고 있을 필요조차 — 없다.

이쯤 되면 사람들은 머리를 긁적이며 궁금해하곤 한다. "잠깐만요… 트라우마가 우리에게 일어난 일이 아니라 우리 안에서 일어난 일이라면 학대, 억압, 전쟁 등은 어떻게 이야기할 건데요?" 트라우마, 트라우마성 사건, 트라우마 유도 사건, 트라우마 반응을 구분할 필요가 있다.

- 트라우마: 우리의 뇌가 정보를 받아들이거나 처리할 수 없는 내적 상태. 다른 말로 하자면 위축이다.
- 트라우마성 사건: 학대, 전쟁, 자연재해, 제도적 억압, 인종차별, 가난, 성폭행, 폭력 등 결과가 오래 지속될 수 있는, 모두가 끔찍하다고 인정하는 사건.
- 트라우마 유도 사건: 출산, 결혼, 수술, 새 지역으로의 이사, 체중 감량, 데이트, 새 직장 생활 시작 등 트라우마를 낳는다고, 혹은 나쁘다고 생각하진 않지만 여전히 고통스러운 증상을 야기할 수 있는 사건.
- 트라우마 반응: 우리의 뇌가 에너지에 대한 요구를 지각하고 우리의 몸을 '재촉'하거나(공황/불안/주의력 결핍증) 멈추게 할 때(우울

증/피로/미루기) 일어나는 현상. 트라우마 반응은 뇌의 지각에 기반한다. 요구가 진짜인지 아닌지는 중요하지 않다.

우리는 누구나 트라우마를 갖고 있다

"그러니까 제가 집을 청소하고 싶지 않은 게 트라우마 반응 때문이라는 거죠? 저한테는 변명처럼 들리는군요." 우리가 온종일 트위터만 주야장천 하고 있다면, 그건 동기부여가 부족해서가 아니다. 우리의 뇌가 생각하기에 에너지를 비축할 필요가 있기 때문이다. 동기를 부여하다라는 표현은 게으르다는 표현만큼 치유 과정에서 장애물이다.

motivation(동기부여)이라는 용어는 '움직이다'라는 뜻을 지닌 라틴어 movere에서 유래했다. 동기부여란 목적 지향적인 의식 과정으로 정의된다. 자발적인 노력이다. 하지만 우리 몸의 여러 반응은 비자발적이다. 신체 반응을 자동으로 못 한다고 자신을 책망하는 건 정말 말도 안 되는 짓이다. 피터 레빈 박사는 이렇게 적었다. "동물들은 추운 날씨를 무능함이나 약함의 징후로 보지 않는데, 우리도 그래야 마땅하다."

"이건 결국 제가 상사한테 '오늘 정말로 출근하고 싶었는데 저의 생존의 뇌가 저를 틱톡에 나오는 고양이 영상을 보게 만들었어요'라고 말하게 된다는 건가요?"

아니다. 생존의 뇌의 생리학을 이해하면, 미루는 습관이 '용서'되는 게 아니라 '설명'된다. 자신의 뇌에서 일어나는 일을 모르면 효과적인 해결책을 찾을 수 없다. 자신을 게으르다고 해봤자 변하는 건 없다. 수치심이 생길 뿐이다. 과학에 기반한 설명이 있다는 사실을 안다고 해서 소파에 계속 눌러앉아 있어도 괜찮다는 뜻은 아니다. 소파에서 나오기 위해 필요한 정보를 숙지하고 있다는 뜻이다. 이번 장에서는 우리의 뇌를 생존 모드에서 빠져나오도록 설득하는 방법을 논의할 것이다.

"저는 하던 일에 계속 집중하기가 너무 힘들어요. 머릿속에 수많은 일이 일어나고 있는 느낌이고, 정말 단순한 일도 제대로 처리를 못 하겠어요. 세 문장짜리 이메일을 보내는 데에도 두 시간이 걸린다니까요!"

집중이 어렵다면 ─ 단순한 일도 거대한 산처럼 느껴진다면 ─ 이건 나약해서가 아니다. 위협을 느낀 뇌는 생존에만 집중할 수 있다. 거대한 호랑이한테 막 잡아먹히려고 할 때 자신이 할 일을 기억해 내려고 한다고 생각해보라.

"그러니까 저한테 트라우마가 있다는 말이네요. 하지만 저한테 나쁜 일이 일어난 적이 전혀 없다면, 트라우마는 왜 있는 거죠?"

우리가 먹는 음식을 생각해보자. 어떤 음식이든 소화불량을 일으킬 수 있다. 오염된 음식을 섭취하면 아플 수 있다는 사실을 우리는 잘 안다. 하지만 수없이 먹어 온 똑같은 식사 때문에 소화불량을 경험할 수도 있다. 모든 음식이 소화불량을 일으키지는 않는다. 하지만 모든 음식이 소화불량을 일으킬 가능성은 있다.

트라우마도 마찬가지다. 전쟁, 학대, 자연재해, 폭행을 경험하면 관련 징후를 겪을 가능성이 크다.[9] 하지만 평범한 일상도 트라우마를 일으킬 수 있다. 우리의 뇌는 정말로 복잡한 연결망이다. 우리의 몸은 매일, 매분, 매초 무한한 정보를 외부에서 받는다. 모든 것이 우리의 뇌를 위축시키지는 않는다. 하지만 모든 것이 우리의 뇌를 위축시킬 가능성은 있다. 나는 실제로 소화불량을 겪어도 치즈케이크는 잘 먹는다. 마찬가지로 우리가 실제로 트라우마를 겪는다고 해도 인생을 즐기지 못할 이유는 없다.

"모든 게 완벽하지 않다는 건 잘 알죠. 다들 오르막도 있고 내리막도 있으니까요. 하지만 저는 과거는 과거에 묻어두고 앞으로 나아가야 한다고 굳게 믿어요. 사소한 것 때문에 고통받아서는 안 되요."

우리의 뇌는 무엇이 작은 일인지에 대해 저마다의 정의를 갖고 있다. 우리의 뇌가 우리를 위험에 처해 있다고 생각한다면, 겉보기에 작은 일도 큰일이 된다. 과거의 일을 정말 과거에 묻어둘 수 있다면 무기력에 빠지는 사람은 없을 것이다.

과거의 상처는 처리될 때까지 우리 내부 어딘가에 숨어있다. 트라

---

9   트라우마성 사건이 반드시 트라우마 반응을 야기하는 것은 아니다.

우마를 해소하려면 트라우마를 일으킨 경험을 잊거나 덮는 게 아니라 걸러서 배출해야 한다. 경험을 걸러서 배출한다는 건 스스로 위축되지 않고 자신의 느낌을 받아들일 수 있다는 의미다.

게으름과 동기부여를 둘러싼 미신들

동기를 부여받지 못하거나 태생적으로 게으른 사람은 존재하지 않는다. 인간은 언제나 동기를 부여받는다. 우리의 뇌는 의식적인 선택을 하기 위해서, 혹은 위협을 견뎌내기 위해서 항상 동기를 부여받게 된다. '동기부여가 잘 안 된다'는 표현은 실제로는 '나의 뇌는 나를 살리기 위해 에너지를 비축하고 있다'는 뜻이다. '집중을 못 한다'는 내담자의 말은 '나의 뇌는 내가 계속 움직여야 치타한테 잡아먹히지 않는다고 생각한다'는 의미다.

생존 반응은 유전학, 생물학, 안전 및 자원 접근성, 특권, 가정 지원, 사회적 네트워크, 지역사회 참여, 병력 등 아주 다양한 요소에 기반한다. 다행히 우리의 뇌가 왜 트라우마 반응을 만드는지, 혹은 어떤 자극에 반응하는지를 꼭 알 필요는 없다. 논리적으로 우리는 모든 게 괜찮다고 생각할 수 있지만 우리의 뇌가 위협을 지각하면 생존의 뇌가 언제나 우위를 점한다. 위협을 지각하면 때로는 피로, 우울감, 동기 부족 등 감정을 가라앉히는 결과를 초래한다. 이게 아니면 스트레스, 공황, 불안, 주의산만 등 감정을 자극하는 결과가 나온다.

균형보다는 역동

우리가 가끔 돌아버린 듯한 느낌을 받는 부분적인 이유는, 인생의 균형을 추구하라고 배운 탓도 있다. 행복·건강 관련 전문가들은 균형을 추구하라고 가르친다. 하지만 균형은 건강한 신경계가 작동하는 방식이 아니다. 진정한 균형은 신체적으로 불가능하다. 우리의 몸은 춤출 준비를 하는 동시에 잠잘 준비를 할 수 없다.

목표가 균형이 되어서는 안 된다. 정적인 (고정된) 신경계가 아닌 동적인 (움직이는) 신체를 목표로 삼아야 한다. 동적인 신체에서는 변화는 물론 동적 상태와 휴면 상태 사이의 자연스러운 변이가 가능하다. 우리의 자율신경계는 두 부분을 포함한다. 온on(교감신경계)과 오프off(부교감신경계)가 그것이다. 교감신경계를 액셀 페달, 부교감신경계를 브레이크 페달이라고 생각하라. 우리는 운전을 할 때 두 페달 사이를 부드럽게 오갈 수 있다. 갑작스러운 흔들림, 요란한 브레이

건강한 신경계는 동적이다

원래 나타났어야 하는 모습:
동적

부동/활동
평화롭다/들뜨다
차분하다/활기를 띠다
자기 보호/타인의 보호
휴식/생산성

크 소리, 끼익하는 타이어 소리는 없다. 건강한 신경계는 업up과 다운 down을 부드럽게 왔다갔다 한다.

업 모드 정체 시

때로 우리의 신경계는 업 모드에 있다. 이를 교감신경반응이라고 한다. 우리의 신경계가 업 모드로 바뀌면 주의산만, 초조함, 휴식 불 가, 불안감, 공황, 과민함을 경험할 것이다. 교감신경반응 상황에서는 혈압이 오르고, 심박수가 증가하며, 소화 기능이 떨어지고, 몸은 살기 위해 발버둥 치거나 상황을 벗어나려고 한다.

교감신경반응은 비상 상황에서는 확실히 쓸모가 있다. 하지만 업 상태에 정체된 신경계는 브레이크 없이 운전하는 것과 같다. 과민성 교감신경반응이란 우리의 몸이 '존재하지 않는 위험 신호'를 감지하 는 경우를 가리킨다. 이 상태에서 스트레스 호르몬이 넘치면 공황, 불 가해한 분노 표출, 정서적 과부하, 불면증, 걷잡을 수 없는 사고, 염증,

과민성 교감신경반응:
업 모드에 정체

불안해한다
남의 비위에 맞춘다
스트레스를 받는다
초조해한다

지각한 위협

호흡 문제, 과다 발한 등이 나타날 수 있다.

다운 모드에 정체 시

우리의 부교감신경계는 브레이크 장치, 혹은 다운 모드다. 표준 브레이크는 속도를 줄일 때 필요하지만, 비상 브레이크는 단단히 차를 고정할 때 필요하다. 차에 표준 브레이크와 비상 브레이크가 있는 것처럼, 우리의 부교감신경계에도 표준 브레이크와 비상 브레이크가 있다. 우리가 아무리 긍정을 연호한다고 해도 비상 브레이크가 작동하면 아무 데도 못 간다.

우리가 편안하고, 침착하고, 평화로운 기분을 느끼면 표준 브레이크가 작동한다. 이를 저긴장 배측미주신경 상태라고도 한다. 반면에 비상 브레이크가 작동하면 지치고, 움직일 수 없고, 우울하고, 경직되고, 멍한 느낌이 든다. 비상 브레이크는 고긴장 배측미주신경 상태라고 한다. 이와 더불어 활기를 띠고, 사회적으로 교류하며, 호기심이 있는 경우는 복측 미주신경 상태라고 한다.

이 정도 용어면 충분하다. 학계는 무언가를 표현하기 위해 거창한 단어를 쓰기를 좋아한다. 다음의 그네 기구 그림을 활용하면 신경계를 훨씬 더 쉽게 이해할 수 있다.

안전한 다미주 놀이터

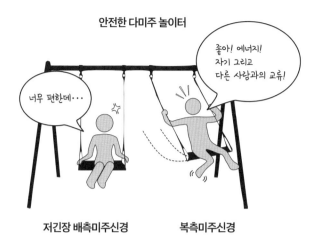

저긴장 배측미주신경   복측미주신경

위험한 다미주 놀이터

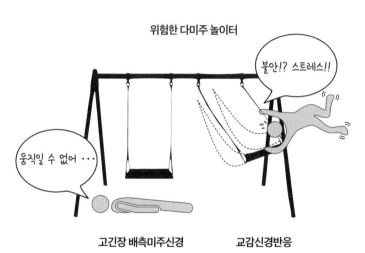

고긴장 배측미주신경   교감신경반응

나한테 트라우마가 있다면 이제 어떡하죠?

트라우마 반응을 관리하는 최고의 방법은 신체 감각이 보내는 언어에 익숙해지는 것이다. 우리는 가정이나 학교, 사회에서 위험과 안전에 관한 몸의 느낌을 인식하는 방법을 배운 적이 없다. 정신건강은 강하거나 약하거나의 문제가 아니다. 안전을 지각하느냐 위험을 지각하느냐의 문제다. 안전을 느낀 뇌는 증상을 보이지 않는다.

다음 내용은 우리의 뇌가 안전을 찾는 데 도움이 되는 연습 방법이다. 여기에 나오는 제안들은 기존의 치료법이나 의술을 완전히 대체하진 못한다. 그러나 생존의 뇌가 지나치게 활성화되어 우리를 무기력의 늪으로 몰아넣을 때 실용적으로 활용할 수 있는 간단한 방법들이다.

온 모드 정체 시 – 교감신경반응을 다루는 방법

1. 먼저 이렇게 생각하라. 나는 트라우마 반응을 보이고 있어. 이건 생리적 과정이야. 난 이상한 게 아니야.

2. 자신이 사랑하는 사람, 장소, 사물을 리스트로 만들라. 가장 친한 친구를 안거나, 해변에 앉거나, 좋아하는 책을 들고 웅크린 자세로 앉는 걸 생각하면 몸이 어떤 느낌을 받는지 확인하라.

3. 감각을 활용하라. 두툼한 담요, 에센스 오일, 감미로운 음악, 따뜻한 차가 모두 우리의 '시소'를 다시 내려오게 하는 데 일조할 수 있다.

4. 숫자를 31부터 거꾸로 세라.[10]

5. 우리가 볼 수 있는 5가지, 들을 수 있는 4가지, 만질 수 있는 3가지, 냄새를 맡을 수 있는 2가지, 맛볼 수 있는 1가지를 확인하라.

6. 문이나 벽을 최대한 세게 밀라. 근육이 뜨거워짐을 확인하라. 물러서서 잠시 숨을 고른 후 이것을 세 번 반복하라.

7. 머릿속으로 간단한 수학 문제를 풀라. 초등학생 수학 플래시카드를 활용해 공황 반응을 완화할 수도 있다. 간단한 사고 과제도 우리의 뇌를 재교육하는 데 도움이 될 것이다.

8. 몸 안의 감각을 말로 표현하라. 목이 뻣뻣해, 배가 댕겨, 얼굴이 후끈거려, 하는 식으로 자신에게 크게 말하라. 그런 다음에 몸에서 아무렇지 않거나 진정된 느낌을 받는 부위 한 곳을 찾으라(사람들은 대부분 왼쪽 슬개골이나 오른쪽 약지처럼 아무 데나 보고 아무렇지 않은 곳을 찾을 수 있다). 처음에는 아무렇지 않은 부위, 그다음엔 긴장된 부위, 그다음에 다시 아무렇지 않은 부위에 집중하라. 이것을 네 번 실시하라.

9. 왜 겁이 났는지 자문하지 말라. 누가 혹은 무엇이 안전을 느끼는 데 도움이 될지 자문하라.

10. 개나 고양이를 키운다면, 그 동물의 심장 쪽에 손을 지그시 올

---

10 왜 31이냐고? 우리의 뇌가 다시 사고 모드에 있도록 자극하는 데 즉시 도움이 될 묘한 숫자이기 때문이다. 보통 쓸 생각을 하지 않을 숫자면 무엇이든 통할 것이다. 이것은 입증되지 않은 개입이다.

리고 3분 동안 심박수를 세라.

오프 모드 정체 시 – 고긴장 배측미주신경 상태를 다루는 방법

1. 자신은 게으른 게 아님을, 혹은 동기를 부여받지 못한 게 아님을 상기하라. 이런 식으로 생각하라. 나는 트라우마 반응을 보이고 있어. 이게 문제야. 내가 이상한 게 아니야.

2. 몸을 차갑게 하라. 차디찬 물을 얼굴에 끼얹거나, 얼음을 손에 쥐고 있거나, 얼음팩을 목에 대거나, 견딜 수 있는 가장 찬물에서 샤워하라.

3. 콧노래를 부르거나 노래하라.

4. 사회적 교류는 강력한 치료제다. 사람과 전화 통화로(좋다), 영상 통화로(더 좋다), 아니면 직접 만나서(최고다) 교류하라.

5. 자신이 왜 얼어버린 느낌을 받는지 자문하지 말라. 누가 혹은 무엇이 안전함을 느끼는 데 도움이 될지 꼭 자문하라.

6. "매장된 느낌이야" 혹은 "익사할 지경이야" 같은 과장된 표현을 쓰지 말라. 이러한 언어는 스트레스 반응을 강화한다. 대신에 정말 구체적으로 표현하라. "난 아들의 선생한테 전화하고, 내 처방전을 받고, 업무 프로포절을 끝내야 해." 할 일을 구체적으로 적으라. 이는 우리의 뇌가 해결 모드로 다시 들어가는 데 도움이 될 것이다.

7. 레몬을 씹어라. 이상하게 들릴 것이다. 하지만 이것은 우리의 뇌를 폐쇄 모드에서 벗어나도록 충격을 가하는 데 도움이 줄 수

있다.

8. 입을 열었다가 닫은 다음 머리를 움직이라. 그러고 나서 팔과 다리를 펴라. 이 행위는 산양 한 마리가 우리 가슴 위에 앉아 있지 않다는 신호를 우리의 뇌에 보내줄 것이다.

9. 담요를 양쪽 끝으로 잡고 그것이 흠뻑 젖어 있는 것처럼 쥐어짜라. 이 행위를 하면서 근육이 뜨거워지는 것을 의식하라. 한숨 돌린 후 세 번 반복하라.

10. 안전하고 진솔한 친구나 파트너가 있다면, 2~3분 동안 그 사람과 눈을 마주치라. 엄청 어색하겠지만, 둘 다 마지막에 웃어버리면 우리는 보너스 에너지를 얻을 것이다.

결론: 뇌를 이해하면 내일을 바꿀 수 있다

현대 세계에서의 삶이란 복잡하지만, 과거의 마녀사냥과 '정신병원'보다는 낫다. 필립 볼Philip Ball[11]은 자신의 저서 『악마의 의사The Devil's Doctor』에서 이렇게 썼다. "16세기 유럽에서는 누구든 상관없이 두 가지를 확신할 수 있었다. 하나는 50세까지 살면 운이 좋은 것이라는 점, 또 하나는 인생에서 기대할 수 있는 건 불편과 고통이라

---

11   영국의 과학 전문 작가(1962~).

는 점이다." 의학에서 비침습식 수술과 항생물질을 발견하면서, 우리는 더 길고 편안한 삶을 향유하게 되었다. 심리학에서 트라우마와 뇌의 작동 방식을 발견하면서 우리는 더 행복하고 창의적인 삶을 향유할 수 있게 되었다. UCLA 의과대학 정신과 임상 교수인 대니얼 J. 시겔Daniel J. Siegel 박사는 "우리는 계속해서 만들어지고 자신을 만드는 상태에 늘 머물러 있다"고 서술한다. 이처럼 계속 변화하고 성장하는 상태를 신경가소성이라고 한다.

신경가소성이란 우리의 뇌가 완제품이 아닌 재공품임을 의미한다. 지금 우리가 가진 뇌는 1주 후, 1달 후, 1년 후의 뇌가 아니다. 우리가 선택의 여지를 얼마나 갖고 있느냐에 따라 우리가 얼마나 나아질 수 있는지가 달라진다. 뮤지컬로 잘 알려진 소설 『위키드Wicked』에는 이런 대사가 있다. "이걸 기억해. 별에 쓰인 건 아무것도 없어. 이 별들도 아니고, 아무것도 아니야. 아무도 너의 운명을 좌우하지 못해." 우리는 과거에 관해서 아무것도 바꿀 수 없다. 하지만 우리의 뇌가 현재를 어떻게 처리하는지 이해하면 미래의 모든 것을 바꿀 수 있다.

핵심 정리 ──

- 트라우마는 뇌의 소화불량과 같다. 우리 모두는 트라우마를 어느 정도 경험한다.
- 트라우마 반응은 우리의 뇌가 몸이 필요로 하는 에너지를 잘못 계산한 결과다.
- 신경계가 업 상태에 걸리게 되면, 우리는 어쩔 줄 모르는/불안

한/싱숭생숭한 느낌을 받는다.

- 신경계가 다운 상태에 걸리게 되면, 우리는 피곤한/우울한/억압된 느낌을 받는다.
- 우리에겐 균형 잡힌 신체가 아니라 동적인 신체가 필요하다.
- 트라우마는 질환이 아니다. 그것은 상처이고, 치유할 수 있다.

행동 규칙 ——

해야 할 일	하지 말아야 할 일
동기를 부여받지 못하거나 게으른 느낌이 드는 이유를 모른다고 해서 우리의 뇌가 위험을 무의식적으로 감지하지 못한다는 뜻은 아님을 명심하기.	자신이 아무 이유 없이 소스라친다고 생각하기. 이유는 늘 있다. 그게 뭔지 모른다고 해도 말이다.
무기력함을 느낄 때 자신을 응원하기. 우리의 뇌는 우리를 도우려고 하지 상처를 주려고 하는 게 아님을 명심하라.	자신이 게으르거나 동기를 부여받지 못했다고 치부하기. 생존/보존의 생리는 무의식적이고 자동적이다.
업이나 다운 상태에 걸리면 감각 치료(촉각/미각/시각/청각/후각)를 활용하기.	트라우마 반응을 벗어나서 방법을 생각해 보기. 우리는 자동적인 생리 과정을 벗어나서 생각하거나 이야기할 수 없다.
이 순간 우리가 더 안전하고 덜 위협적인 느낌을 받으려면 무엇이 도움이 될지 자문해 보기.	자신의 무언가가 잘못되었다고 가정하기. 우리의 뇌는 본래 하도록 설계된 것을 정확히 하고 있다.

5분 도전 ——

1. 트라우마 반응에 대한 강력한 해결책은 선택하기다. 지금부터

5분 동안 자신이 선택할 수 있는 소소한 것 10가지를 떠올려 보라. 무엇을 입을지, 무엇을 먹을지, 어떤 음악을 들을지, 어떤 가구에 앉고 싶은지 등 아주 간단해도 상관없다.

2. 저항하기 힘든 반응을 이해하기 쉬운 정보로 바꾸라. 문제를 최대한 자세하게 명명하면, 우리의 뇌가 생존 모드에서 벗어나는 데 도움이 될 수 있다. 예를 들어 숨 막혀 죽을 지경이야라고 생각하는 대신 종이 위에 자신의 상황을 자세히 적어보라.

3. 메리 포핀스 스타일의 행복 토트백을 만들라. 냄새 맡고, 만지고, 보고, 맛볼 수 있는 것들을 가방이나 상자에 넣으라. 여기에는 컬러링북, 마커펜, 새콤한 캔디, 스트레스볼, 에센셜오일 롤러, 피젯 토이, 자신의 반려동물 사진, 그리고 트라우마 반응이 중요하고 우리는 이상하지 않음을 상기시키는 메모 등을 포함할 수 있다.

4장

누구나
백 개의 얼굴을 가졌다

"우리가 그림자를
완전히 없앨 수 없다는 건
모두가 알아."
스컹크가 말했다.
"우리는 그림자한테서
숨을 수도, 도망칠 수도 없어."
래빗이 말했다.

앤 톰퍼트Ann Tompert[12]의

『그림자처럼 들러붙는 건 없어Nothing Sticks Like a Shadow』중에서

마약을 마지막으로 했던 날이 기억난다. 당시 나는 몇 달 동안 계속 나한테 정말 아무 문제가 없다고 믿었다. 내가 직접 마약을 산 것 아니니까 괜찮다고 변명했다. 그렇게 계속 현실을 부정하기란 생각보다 쉬웠다. 이때까지 다른 사람들과 함께 있을 때 늘 중독성 강한 마약을 썼는 데 마약은 친목을 위한 도구이지 내가 중독된 건 아니라고 생각했다. 하지만 그 날은 달랐다. 나는 새벽 다섯 시에 지저분한 욕실에 혼자 있었다. 유리관 속 메스암페타민 조각과 함께 나의 남아 있던 자아 파편이 타들어 갔다. 하얀 연기가 긴 관을 통해 빙빙 돌자

---

12   미국의 교사 출신 어린이책 작가(1918~).

나한테 문제가 있나 봐, 하는 생각이 들었다.

내가 내 그림자를 마주한 건 바로 그때였다.

내 안의 그림자

'그림자'라고 하면 공포 영화나 R. L. 스타인R. L. Stine[13] 책처럼 들리지만, 걱정하지 말라. 무섭거나 신비스러운 게 아니니까. 물리적인 그림자가 빛이 막힐 때 만들어지는 것처럼, 심리적 그림자는 의식이 막힐 때 만들어진다. 여기서 '그림자'는 우리가 인정하기 부끄럽거나 마주하기 두려운 우리의 일부를 표현하기 위해 쓰는 은유다. 어떤 사람한테는 창의성 그림자가 있다. 그런 사람들은 자신이 늘 쓸모 있어야 한다고 생각한다. 또 어떤 사람들한테는 분노 그림자가 있다. 그런 사람들은 자신이 늘 착해야 한다고 생각한다. 우리는 사람들에게 자신이 이기적이라는 인상을 줄까 봐 너무 두려운 나머지, 자신의 필요와 욕구를 등한시할 수 있다. 아니면 판단이나 비판이 두려워서 자신의 재능을 숨길 수도 있다.

작가 올리 앤더슨Oli Anderson[14]은 『그림자 인생Shadow Life』에서 이렇

---

13   미국의 소설가 겸 극작가(1943~). 특히 공포 소설을 다작한 것으로 유명하다.

14   영국의 상담사 겸 작가(1982~).

게 썼다. "우리의 그림자는 자신에 대해 부정한, 그리고 자신이 쓰고 있는지도 모르는 마스크 뒤에 감춰진 모든 '긍정적'이고 '부정적'인 것을 가리킨다." 이번 장은 ― '자신에 대해서 자신에게 솔직하기'를 고상하게 바꾼 표현인 ― 그림자 작업을 소개한다.

우리가 자신의 그림자를 확인하고 이해하며 가까워지면, 그 그림자는 우리의 행위를 더는 좌우하지 못한다. 정신의학자 칼 융Carl Jung은 그림자에 관한 광범위한 저술을 남겼다. 그는 "무의식이 의식이 될 때까지 그림자는 우리의 삶을 주도할 것이며, 우리는 그것을 운명이라 부를 것"이라고 말했다.

온전하려면 어두운 면도 있어야 한다

칼 융은 또 이렇게 썼다. "나한테 그림자가 없다면 어떻게 현실적일 수 있겠는가? 내가 온전하려면 어두운 면도 있어야 한다." 진심 어린 삶에는 온전함이 필요하다. 하지만 우리는 대부분 온전해지는 법을 배우지 못했다. 대신 사회적으로 용인되지 않는 생각, 느낌, 특성을 외면하고 부인하라고 배웠다.

아이들은 어렸을 때부터 세상을 '좋은 사람들'과 '나쁜 사람들'로 나누는 법을 배운다. 우리는 온전함보다는 좋음에 더 큰 가치를 두도록 훈련받았다. 소설가 제나 매클레인Jenna Maclaine은 이렇게 썼다. "하지만 정말로, 어둠은 전체의 일부일 뿐, 우리가 의도하지 않는 이상 좋거나 나쁜 게 아니다.”

그림자는 불과 비슷하다. 불은 열기와 안락함을 줄 수 있고, 고통과 파괴를 불러올 수도 있다. 우리의 그림자는 우리가 행위하기 전까지 좋거나 나쁜 게 아니다. 영화《배트맨 비긴스Batman Begins》의 브루스 웨인과 드라마《브레이킹 배드Breaking Bad》의 월터 화이트를 예로 들어보자.

브루스 웨인: 부모가 살해되면서 받은 고통은 깊은 분노의 우물을 만든다. 그의 멘토는 그에게 경고한다. “너의 분노가 너에게 엄청난 힘을 주지만, 그걸 그렇게 놔두면 네가 죽을 거야.” 브루스는 자신의 느낌을 부정하거나 억누르는 대신 또 다른 자아(배트맨)를 만들어서 자신의 분노를 세상의 불의에 쏟아내기로 한다. 브루스 웨인은 이렇게 말한다. “감춰진 건 내가 아니야… 나의 행동이 나를 정의하지.” 브루스 웨인/배트맨은 어두운 면을 의식에 옮기는 그림자 통합의 예다. 그는 자신의 그림자를 의식하되 거기에 지배당하지 않는다.

월터 화이트: 브루스 웨인의 성공적인 그림자 통합과는 반대로,《브레이킹 배드》의 월터 화이트는 그림자 분리를 상징한다. 월터 화이트는 조용하고, 내성적이며, 나긋나긋한 말투를 가진 화학 교사였다. 하지만 암 진단을 받고 자신의 그림자에 압도당한다. 결국 그는 증오에 가득 찬 마약 두목으로 변신한다. 권력과 부패는 월터 화이트라고 알려진 좋은 사람의 모든 흔적을 점점 지워나간다.

브루스 웨인과 월터 화이트는 극단적인 예다. 하지만 인간은 누구나 배트모빌을 타거나 마약을 제조하지는 않아도 어느 정도 자기 일부를 숨기며 살아간다. 그림자 작업에 관한 순화된 예시는 영화《악마는 프라다를 입는다The Devil Wears Prada》에서 확인할 수 있다.

《악마는 프라다를 입는다》의 주인공 앤디 색스는 저널리스트를 지망하는 (그리고 옷에 대한 지식은 별로 없는) 인물이다. 그녀는 자신과 함께 일하는 패셔니스타들을 판단하고 평가하는데, 그중에는 특히 인정사정 없고 잔인한 상사 미란다 프리슬리도 있다. 앤디는 자신의 그림자를 제대로 알지 못한 탓에 개인적이고 직업적인 관계를 점점 희생시킨다. 그리고 자신의 진정성을 일자리 보장과 (그리고 디자이너 옷더미와) 맞바꾼다. 영화 마지막에 앤디는 자신을 상사와 비교했을 때 낫기는커녕 똑같음을 깨닫고 진저리친다. 그리고 자신의 그림자와 맞서서 의식적인 선택을 내린다. 결국 앤디는 패션계를 떠나서 자신이 원하는 일을 하기로 결심한다.

우리는 다양한 가면을 갖고 있다. 좋은 사람, 나쁜 사람, 전혀 예상치 못한 사람. 당신이 가끔 하는 그런 기괴하고 막무가내식 생각? 그건 나도 한다. 매거릿 애트우드Margaret Atwood[15]는 이렇게 썼다. "우리가 자신의 생각 때문에 재판을 받는다면, 우리는 전부 교수형에 처할 것이다." 나는 20대 때 내 그림자를 너무 피하고 싶어서 나의 온전함, 안전함, 진실함을 기꺼이 희생시켰다.

자신의 그림자를 피하려고 할 때의 문제는 무엇일까? 그래봤자 도망갈 수 없다는 것이다.

IQ+EQ+SQ = 성공과 그것을 즐길 자유

내 친구이자 심리학자인 크리스틴 애셔-커크Kristen Asher-Kirk 는 "우리는 자신을 온전히 받아들일 때 자신과 사랑하는 사람들에게 더 많은 에너지를 줄 수 있다"고 말한다. 자신이 아는 것을 눈 밖에 두고 마음에 두지 않으려면 엄청난 노력이 필요하다. 비치볼을 수면 밑으로 붙잡아 둔다고 생각해보라. 우리가 꿈을 좇고 가족과 즐겁게 지내며 자기 업무에 투자하는 데 쓸 수 있는 에너지가 바로 이것이다. 우리가 애써 감추는 특징들은 정신적 증상이나 관계적 어려움, 혹은 설명할 수 없는 계기 등을 통해 간접적으로 드러나기 마련이다.

우리의 행위가 진정성을 벗어나면, 그림자의 힘은 커진다. 철학자 질 들뢰즈Gilles Deleuze는 이렇게 썼다. "그림자는 우리가 보호해 왔던 동물처럼 몸을 벗어난다." 잘 알려진 중년의 위기는 이 현상의 대표적인 예다. 그림자를 의식하는 정도가 낮아지면 내적 압박이 쌓이다가 결국 분출된다.

15　캐나다의 소설가 겸 시인(1939~). 맨부커상, 프란츠 카프카 문학상 등 다수의 수상 경력을 자랑한다.

IQ(intelligence quotient, 지능 지수)와 EQ(emotional quotient, 감성 지능)라는 말을 들어봤을 텐데 무기력에서 벗어나려면 그림자 지능, 즉 SQshadow quotient도 가져야 한다. SQ가 높은 사람은 자신의 그림자 안팎을 잘 이해하고 받아들인다. 이들은 정신 심리 분야의 세계적 전문가인 게이 헨드릭스Gay Hendricks가 말한 상한선 두기upper-limiting, 즉 우리가 목표에 거의 도달한 시점에 방해가 되는 무의식적인 성향 대신에 자신의 꿈을 마음껏 좇는다.[16] SQ가 높을수록 자신의 불완전함을 인정하고 자신의 성공을 즐기는 능력이 더 뛰어나다. 『EQ 감성지능Emotional Intelligence』의 저자 대니얼 골먼Daniel Goleman은 이러한 등식을 내세웠다.

IQ(지능 지수) + EQ(감성 지능) = 성공

골먼의 공식은 강력하고 상당히 정확하다. 하지만 꽤 많은 사람이 성공을 거두면서도 여전히 공허함을 느낀다. 온전치 못한 성공은 외롭고 불만족스럽다. 무엇이 부족하냐고? 그림자 지능이 결여되어서 그렇다. 위 등식에 그림자 지능을 더하면, 더 강력한 공식이 완성된다.

---

16   상한선 두기의 개념은 게이 헨드릭스의 저서 『거대한 도약Big Leap』에서 유래했다.

IQ+EQ+SQ(그림자 지능)=성공과 그것을 즐길 자유

자신의 그림자를 직면하면 또 다른 이점을 얻을 수 있다. 자신의 본성을 더 이상 외면하지 않게 되고 창의력, 에너지, 투지 등 그림자 속에 숨겨진 보석에 다가갈 수 있다. 애니메이션《인사이드 아웃Inside Out》을 보면, 기쁨이는 슬픔이가 위험하고 파괴적이라고 생각한다. 기쁨이는 모든 사람과 모든 것으로부터 슬픔이를 떨어뜨려 놓으려고 애쓴다. 하지만 결국 기쁨이는 모든 감정의 가치를 배우고, 궁극적으로 슬픔이에게서 결정적인 도움을 받는다.

슬픔이 행복에 필수적인 요소임에도 우리는 고통스러운 생각이나 느낌을 계속해서 감추려 한다. 하지만 불편을 기꺼이 감수해야 그림자의 효능을 확인할 수 있다. 그림자 전문가인 코니 즈웨이그Connie Zweig 박사와 스티브 울프Steve Wolf 박사는 이렇게 썼다. "그림자의 층위를 하나씩 어둠에서 발견하고, 두려움을 하나씩 마주할수록, (우리 마음에) 밝은 빛이 들어온다."

모든 그림자는 그 나름의 가치 있는 이득을 안겨줄 수 있다.

우리는 모두 다중인격체

좋든 싫든 간에, 우리에겐 착한 부분과 고약한 부분이 있다. 야심 찬 사람의 부분이 있는 한편으론 할 일을 미루는 사람의 부분이 있다.

그림자 특성	잠재적인 이득
노여움	우리가 어디서 경계가 필요한지 알려준다.
미루기	우리를 잠재적인 위협으로부터 보호한다.
부러움	우리의 욕망이 무엇인지 가리킨다.
수다	우리의 관계 욕구를 드러낸다.
죄책감	우리가 사이코패스가 아님을 증명한다.

공감을 하는 사람의 부분이 있고, 또 비판을 하는 사람의 부분이 있다. 그렇다고 해서 우리가 위선자이거나 미친 것은 아니다. 서로 반대되는 신체적·심리적 세계에 살고 있을 뿐이다. 위아래. 밤과 낮, 기쁨과 슬픔. 질병과 건강. 아우데시 싱Awdhesh Singh[17]은 『행복해지는 31가지 방법31 Ways to Happiness』에서 이렇게 썼다. "우리의 행복은 여러 진실 중 하나에만 매달리고 다른 모든 진실은 무시하는 게 아니라 상반된 양쪽의 균형을 잡는 능력에 달려 있다. 일정 기간 꽤 오랫동안 무언가를 피하면, 마음의 평화를 방해하고 큰 고통을 줄 수 있는 열망이 우리 안에 생긴다."

---

[17]　인도 출신의 작가 겸 교육자.

"좋아요, 브릿, 그러니까 이제 저의 그림자 부분을 밖으로 나오도록 해서 느낌 가는 대로 하게 내버려 두어도 된다는 말인가요?"

아니다. 우리의 그림자 부분을 무시하거나, 마구 날뛰게 내버려 두는 것 모두 해결책이 아니다. 자신의 그림자 부분과 관계를 형성하고 그 배출구를 만드는 게 해결책이다. 이것을 어떻게 하느냐를 지금부터 살펴보겠다. 한가지 기억할 점은, 우리를 가장 열심히 도우려고 하는 부분이 우리가 가장 싫어하는 자신의 모습인 경우가 적지 않다는 점이다.

내담자들에게 모든 사람에게는 서로 다르거나 상반된 부분들을 가지고 있다는 개념을 소개하면, 대부분 곧 당황하면서 이렇게 묻는다. "그러니까 제가 다중인격장애를 겪고 있다는 말씀인가요?"

아니다. 다중 인격을 갖고 있다는 말은 다중인격장애를 겪고 있다는 의미가 아니다. 복잡한 체계는 모두 다수의 부분을 포함한다. 지구는 하나의 행성이지만, 그 안에는 6개의 대륙, 5개의 대양과 수많은 동물, 변덕스러운 날씨 패턴 등이 있다. 나무는 다수의 가지, 나무껍질, 잎, 근계 등으로 이루어진 하나의 유기체다. 우리의 신체는 다수의 장기, 관절, 근육 등을 포함하고 있다.

우리의 정신도 다르지 않다. 정신은 다수의 하위 부분 혹은 하위 성격으로 이루어진 복잡한 체계다. 사람들은 대부분 자신의 다양성을 본능적으로 의식한다. 월트 휘트먼Walt Whitman[18]은 이를 이렇게 표

현했다. "나는 거대하다, 나는 군중과 같다." 우리가 매일 쓰는 표현을
한번 생각해 보자.

- "두려워할 게 없다는 건 나도 알아. 하지만 내 안의 일부가 어쨌
  든 기겁한다고."
- "일을 놓고 쉬는 건 나한테 정말 좋을 거야. 하지만 내 안의 일부
  가 나를 여유 부리게 두지 않을 거야."
- "나는 내 가족을 사랑해. 하지만 내 안의 일부가 가끔 열 받는
  다고."
- "이 사업을 정말 진행하고 싶어. 하지만 할 일을 심각하게 미루
  는 내 안의 일부가 이렇게 있지."

'부분(일부)의 관점'에서는 할 일을 미루는 행위가 성격적 결함이
아니다. 내적 비동의의 신호일 뿐이다. 따라서 부분들이 고통, 두려
움, 슬픔 등을 느끼면 부끄러워하거나 행동을 강요하는 게 아니라
그 느낌이 우려하는 바에 귀 기울이는 것이 중요하다. 부분들을 다
루는 가장 효과적인 방법은 내적 가족 체계Internal Family Systems, IFS라
는 증거 중심 접근법이다. 내적 가족 체계를 고안한 리처드 C. 슈워츠
Richard C. Schwartz는 이렇게 썼다. "부분이란 일시적 감정 상태나 습관

---

18   19세기 미국의 시인·수필가 겸 기자(1819~1892).

적 사고 패턴이 아니다. … 마치 우리 각자가 인간 집단을 갖고 있고, 그 인간들이 각자 다른 나이에 서로 다른 관심사, 재능, 기질을 갖는 것과 같다.”

우리의 부분들이 드라마의 출연진과 같다고 생각해 보라. 우리 안에는 걱정하는 아이, 무뚝뚝한 10대, 배고픈 유아, 비판적인 부모 등이 있다. 어떤 부분에 관심이 필요한지 몰라서 최선을 다해 자신을 치유하려는 시도가 실패하는 경우는 흔하다. 자기 치유는 부분 치유라고 불러야 마땅하다. 우리의 ‘출연진’ 가운데 어떤 등장인물에 관심을 두어야 할지 파악할 수 있을 때, 해결책은 더 효과적으로 이행할 수 있다. 자신에게 다음과 같이 물어보자.

1. 내 안의 이 부분은 얼마나 나이 든 것처럼 느껴지는가?
2. 이 부분이 안심하거나, 더 안심하거나, 위협을 덜 느끼려면 어떤 것이 도움이 될까?
3. 이 부분은 혼자만의 시간을 원하는가, 사람들과의 교류를 원하는가?

주의사항 한 가지, 자신의 한 부분에 대한 자기 치유의 행동이 다른 부분에 대한 자해가 될 수도 있다. 내적인 부분들을 이끄는 방법을 배우면, 이를 이해하는 데 도움이 된다.

지휘자는 누구인가

우리의 내적 체계를 오케스트라라고 생각해 보자. 오케스트라는 다수의 음악가, 파트, 악기를 포함한다. 음악가들이 자신이 원하는 어디든 않고, 자신이 원하는 무엇이든 연주하기로 마음먹는다면 불협화음이 나올 것이다.

오케스트라 지휘자는 소음을 음악으로 만든다. 좋은 지휘자는 악기 각각에 관한 가치관과 모든 음악가의 능력을 갖추고 있고, 음악이론에도 빠삭해서 교향곡에서 한쪽 파트의 소리를 키우고 다른 파트의 소리를 죽이는 최고의 지점을 정확히 감지할 수 있다. 이러한 체계는 (말 그대로) 조화롭다. 이처럼 우리 마음에도 유능한 지휘자가 필요하다.

'유능한 지휘자'는 다양한 이름으로 알려져 있다. 본질적 자아, 높은 자아, 정신, 내면의 지혜, 불성, 그리스도 의식, 참자기, 내면의 선생, 성령, 내면의 리더… 리스트는 끝이 없다. 내적 가족 체계에서는 내면의 리더를 자기Self라고 칭한다. 자신이 원하는 명칭을 쓰면 된다. 중요한 것은 내면의 그림자 충동을 조절하려면 자기 리더십Self-leadership이 필요하다는 점이다. 자기 리더십은 자극 요인에 반응하는 대신 스트레스 요인에 응답한다. 치료의 (혹은 내적 작업의) 목표는 자신을 바꾸는 게 아니라 이해하는 데 있다. 이해하고 나서 기술과 연민을 갖고 내면의 오케스트라를 지휘해야 한다. 우리는 자기 연민을 자신에 대해 '좋은' 것들을 이야기하는 관행으로 생각하곤 하는데, 진정한 자기 연민은 그 이상이다.

진정한 자기 연민은 자신의 내면세계 전체를 구석구석 알기 위한 대담한 탐색이다. 자신의 모든 부분과 친숙해지기 위한 여행이다. 진정한 자기 연민은 자신의 정신에서 가장 그늘진 부분도 외면하지 말라고 요구한다. 모든 행동이 받아들여질 수는 없지만, 모든 부분은 가치가 있다.

우리가 무기력에 빠지는 진짜 이유는 무기력이 우리를 돕는 최고의 방법이라고 여기는 '부분'들의 힘이 강해졌기 때문이다. 이러한 부분들은 파괴적인 행동으로 나타나지만 그러한 부분들 자체가 나쁜 것은 아니다. 그러한 부분들은 우리를 보호하려는 의도로 문제적 행동을 한다. 그러나 우리의 부분들이 저마다 자기 목소리를 내겠다고 나서면 우리는 통제가 안 되며, 외톨이가 되고, 우유부단하며, 위축된 느낌을 받게 된다. 반면에 내면의 지휘자가 지휘봉을 잡으면 순식간에 내적 가족 체계 모델이 칭하는 자기 리더십의 8가지 C에 모두 접근할 수 있다. (오른쪽의 표를 참고하라).

자신의 부분들을 알게 되면 처음에는 분명히 조금 이상한 느낌이 들 수 있다. 42세의 JD라는 나의 내담자는 똑똑하면서도 자기 파괴적인 성향을 지닌 주식 투자자였는데, 한번은 이렇게 말했다. "처음에는 선생님이 알려 준 그림자 작업 때문에 미치겠더라고요. 이것 때문에 더 돌아버릴 것 같았어요." 그러나 치료 과정을 거치면서 그는 자신의 그림자 일기를 멋지게 적었다. (그 내용을 허락을 받고 여기에 공개한다.)

자기 리더십의 8가지 C

- 자신감Confidence
- 침착함Calmness
- 창의성Creativity
- 명확성Clarity
- 호기심Curiosity
- 용기Courage
- 동정심Compassion
- 유대감Connectedness

그림자 부분을 만난다는 건 처음으로 어떤 아이를 만나는 것과 같다. 나는 그 부분들과 어떻게 소통해야 할지 확신이 없었고, 그 부분들도 나와 소통하길 바라는지 확신이 없었다. 그러다가 내가 부분들과 어느 정도 신뢰가 쌓이니까, 그 부분들이 누구인지 깨달았다. 모두 나였다. 부분들은 내 인생의 서로 다른 순간에 세상과 그 안의 사람들이 자기들을 어떻게 다루는지에 따라 의견을 형성해 왔다. 그 순간들과 그 순간 속의 나라는 사람에 접근해보니 나 자신을 이해할 수 있었다. 나는 더 이상 나의 일, 관계, 그리고 내 삶의 다른 영역을 망치지 않는다. 폭력적으로 자신을 표현할 줄만 알던 나의 부분들과 소통하기 때문이다. 이제 나의 '작은 이들'은 내가 상황을 돌본다고 믿는다.

내면의 대화, 3인칭으로 대화하라

우리는 늘 자신과 대화한다. 하지만 우리의 자기 대화는 적대적이고 도움이 안 되는 게 보통이다. '이런, 완전 바보 같네. 내가 왜 그렇게 말했지?' 혹은 '난 너무 게을러. 오늘 창고를 청소할 에너지를 어디서 찾아?' 하는 식으로 생각해 본 적 있는가. 비판적인 자기 대화는 효과가 떨어지고 무기력한 상황을 연장할 뿐이다. '동기를 부여하려고 자기 대화를 시도했지만 전혀 도움이 안 돼서 기분이 더 나빠졌는데' 하고 생각한다면 나도 그 기분을 잘 안다. 우리에게 도움이 되는 자기 대화법은 따로 있다.

방법은 간단하다. 내면의 독백을 내면의 대화로 바꾸면 된다. 내면의 독백을 내면의 대화로 바꾸는 방법은 자신과 대화할 때 우리의 이름을 (혹은 대명사를) 쓰는 것이다. 연구에 따르면, 자기 대화를 할 때 1인칭(나라는 표현 활용)에서 3인칭(자신의 이름이나 대명사 활용)으로 바꿔야 효과를 볼 수 있다. 예를 들어 보겠다.

1인칭: "나는 나에 대한 모든 것에 너무 위축되어 있어."
3인칭 이름: "브릿은 자신에 대한 모든 것에 정말 위축되어 있어."
3인칭 대명사: "그녀는 자신에 대한 모든 것에 정말 위축되어 있어."

더 나아가 2인칭 언어를 활용해 '너'라는 단어로 자신의 부분들에게 말을 걸 수도 있다. 2·3인칭 자기 대화를 처음 시작할 때는 웃기고 어색할 것이다. 왜 이런 것까지 신경 써야 할까? 빅터 프랭클Viktor E. Frankl[19]의 말을 들어보자. "자극과 반응 사이에는 빈 공간이 있다. 그 공간에 우리가 성장과 자유를 선택할 수 있는 힘이 있다." 자신과 스트레스 요인 사이에 심리적 공간이 있으면 무기력에 빠질 가능성이 줄어든다. 2·3인칭 자기 대화는 심리적 공간을 만드는 데 도움이 된다.『사이언티픽 리포츠Scientific Reports』에 실린 한 논문에는 이러한 이야기가 나온다. "{최근} 밝혀진 바에 따르면, {사람들이 자기 대화에} 관여할 때 자신을 드러내면서 사용하는 언어는 자제력에 영향을 미친다. 특히 자기 성찰을 하면서 자신을 드러내기 위해 1인칭 대명사 '나'가 아닌 자기 이름을 사용할 때, 스트레스를 받는 자신의 사고, 감정, 행동 등에 대한 제어 능력이 높아진다."

이러한 접근이 효과가 있는 이유가 있다. 우리는 보통 자신보다 타인에게 더 친절하다. 3인칭으로 말하면 다른 사람에게 보인 인정(人情)과 친절을 자신에게 보일 수 있는 여유를 얻을 수 있다. 단, 자신의 생각을 나에서 그/그녀/그들/너로 바꾸기만 한다고 되는 게 아님을 명심해야 한다. 기껏 2, 3인층으로 대화를 하면서도 자신을 계속 나무라는 사람들이 있다. 그래선 효과를 볼 수 없다. 2·3인칭 자기 대화의 효율을 극대화하려면 내면의 대화에 자기 양육의 기술을 적용할 필요가 있다.

---

19 오스트리아 출신의 정신과 의사 겸 신경학자(1905~1997). 나치 강제 수용소의 경험담을 담은 에세이『죽음의 수용소에서(Man's Search for Meaning)』(1946)로 유명하다.

자기 양육의 기술

자기 양육은 친절과 동정심으로 자신의 ― 모든 ― 부분들과 이 야기하고 그것들을 보살피는 것을 말한다. 『홈커밍Homecoming』의 저 자인 존 브래드쇼John Bradshaw는 이렇게 썼다. "자신을 다시 양육하는 방법을 배우면 다른 사람에게 의지하려는 시도를 멈출 수 있다." 우 리는 다른 사람에게 계속 확인을 받으려고 하거나 지칠 때까지 버티 면서 다른 이를 보호자로 삼는다. 자기 양육 업무를 외주로 돌리면서 자기 인생에 대한 통제의 책임을 다하지 않는다. 자기 양육이 없다면 외적 요소에 계속 의존한 상태에서 내적 행복을 추구하게 된다.

자기 양육과 내면의 아이라는 개념은 감상적으로 보일 수 있지만, 동정 어린 자기 대화의 놀라운 효과는 수많은 연구가 뒷받침한다(내 면 보호자와 아이라는 발상이 잘 이해되지 않는다면, 내면 리더를 감독으로 생각 하고 내면의 아이라는 발상을 자기 '팀'의 '내면의 선수'로 대체할 수 있다). 가차 없는 내면의 비판자를 동정 어린 내면 보호자로 대체하기 전까지 우 리는 제자리를 맴돌기 쉽다. 많은 사람이 처음에는 자기 양육이라는 발상을 거부한다. 내가 만난 몇몇 내담자는 이렇게 이야기하기도 했 다. "자기 양육은 과거를 살고 어린 시절을 다시 보내보라는 것 같아 요. 이건 무의미해 보여요."

그러나 자기 양육은 자신의 어린 시절이나 보호자를 탓하는 것과 는 무관하다. 자기 양육은 자기의 모든 부분에 대한 보호자가 되는 것이다. 자신이 싫어하는 부분까지도 말이다. 여기에는 자아라고 알려진 것도 포함된다. 변화를 위해서는 자아를 '죽일' 필요가 있다는 주장이 있다. 하지만 '싫어하는' 자아도 우리 정신의 일부다. 우리의 자아는 그 어떤 것이라도 우리의 내면에서 필연적이고 가치가 있다. 자아는 숙련된 내면 보호자니 코치가 없을 때만 문제가 된다. 숙련된 보호자는 규칙과 한계를 정한다. 숙련된 보호자는 감정을 인정하고 경계를 세울 줄 안다.

자기 육아의 구체적 사례를 소개한다. 우리가 직장에서 끔찍한 한 주를 보냈다고 치자. 그리고 나서 금요일 밤에 집에 와서 엄청난 폭식을 한다. 비참하고 아주 불쾌한 기분으로 소파에 누워 있지만, 자신에게 호통을 쳐봤자 소용이 없음을 잘 안다. 수치심이 통했다면 진작 폭식을 멈췄을 것이다. 자기 비하 대신 동정 어린 자기 양육법을 시도해보자.

이렇게 생각하는 대신에: 내 상태는 정말 별로야. 젠장, 난 구려. 음식을 스스로 조절하지 못하는 내가 싫어. 난 뭐가 문제일까?

이렇게 해보라: 안녕, 폭식 부분. 난 지금 네 상태가 안 좋은 거 알아. 모든 음식을 먹어서 나를 도와주려던 것뿐이라는 거 잘 알지. 내가 이번 주에 너를 제대로 돌보질 못했어. 다음 주엔 우리가 끼니를 거르지 않고 더 잘 쉬겠다고 약속할게.

우리는 자기 양육법으로 심리적 여유를 얻고, 다른 부분들과 관계를 형성하며, 해결책을 찾기에 충분한 냉철한 사고를 유지할 수 있다. 이 방법을 PART로 정리하면 다음과 같다.

- 멈추라Pause. 자신에게 많은 부분이 있음을 기억하라.
- 자신의 부분(혹은 부분들)에 인사를 건네고(안녕, 폭식 부분), 이를 인정하라Acknowledge.
- 이 과정에서 수치심은 버리라Remove. 우리의 부분은 우리를 도와 주려고 한다.
- '지휘봉'을 다시 찾고Take 계획을 세우라.

이 방법이 다소 감정적이고 허술하게 느껴진다면, 내가 개인적으로 활용한 중독 부분에 대한 자기 양육법을 소개한다.

나는 이렇게 생각하는 대신에: 너는 끔찍한 인간이야.

이렇게 생각하는 법을 배웠다: 안녕, 중독 부분. 난 네가 최선을 다하고 있었다는 걸 알아. 나를 도와주려고 해서 고마워. 솔직히 말할게. 이런 선택에는 일정한 결과가 따르겠지만 난 아무 데도 안 가. 넌 괜찮고, 나는 여전히 너를 사랑해.

이 대화에서 내가 행동을 봐주거나 대충 넘어가려고 하지 않고 내 기분을 인정하는 태도에 주목하라. 경계를 꾸준히 유지하고 개인적인 책임을 계속 지면서 자기 부분에게 친절을 보이는 일은 100퍼센트 가능하다.

그림자 간식

혹시 걸음마를 배우는 아이가 배고프다고 안아달라고 한다면 어떻게 하겠는가? 보통은 외면하지 못한다. 배고프고 지칠 대로 지친 아이를 무시하면 할수록 아이는 더 크게 운다. 부모라면 누구든 알다시피, 간식 없이 아이들과 여행할 수 없다. 이는 그림자 부분에도 해당하는 이야기다. '그림자 간식'은 배고프고 지칠 대로 지쳐서 성질을 내려는 내면의 부분들에 대한 대처 방법이다.

그림자 간식이란 무엇일까? 자신의 파괴적인 부분이 행동하거나, 생각하거나, 소유하는 것을 의식적·의도적으로 허락하는 작은 관용이다.

나는 놀이 치료를 할 때 내담자들이 장난감은 던지지 못하게 하지만, 흔히 나쁘다고 여겨지는 표현을 포함해서 하고 싶은 말은 무엇이든 하도록 한다. 이와 같이 자신의 그림자 부분에게 약간씩 여지를 주면, 그 부분은 관심과 공감을 받았다고 느낀다. 관심과 공감을 받은 그림자 부분은 금방 진정되곤 한다.

대다수 사람들은 자신의 그림자 부분을 보기만 해도 완전히 지배당할까 봐 두려워한다. 그 반대가 맞다. 우리가 싫어하는 자신의 일부를 무시할수록, 그 부분들은 더 심하게 대들고 더 큰 비명을 지른다. 그림자 부분을 (경계를 두고) 보살피면 그 부분의 파괴적인 충동을 달랠 수 있다. 《인사이드 아웃》에 등장하는 소심이가 "우린 문을 걸어 잠그고 알고 있는 저주의 단어를 외쳐야 해. 그건 정말 좋은 일이야!" 하고 말한 표현처럼 말이다.

그렇다면 자신의 그림자 부분에게 간식을 먹이는 건 어떤 모양새를 띨까? 그림자 간식의 예를 들자면 다음과 같다.

- 공포 영화나 전쟁 영화 보기
- 음식 가지고 놀기 (이보다 더 좋은 건 음식 부수기)
- 누군가에게 정말로 말하거나 하고 싶은 것을 일기로 쓰기 (그러고 나서 그 종이를 태우기)
- 하루 내내 땀 흘리기
- 무언가를 끼적거리거나 색칠하기
- 자신이 무언가를 죽일 수 있는 비디오 게임 하기
- 하루 동안 전화 받지 않기
- 싱크대에 그릇들 내버려 두기

그림자 간식은 의식적이고 의도적이며 심지어 즐거운 관용이다. 진짜 간식처럼 어떤 그림자 간식은 영양소가 부족하고, 또 어떤 그림자 간식은 영양소가 꽉 차 있다. 영양소가 부족한 그림자 간식은 그 순간에는 좋은 '맛을 내겠지'만, 부정적인 결과로 이어진다. 자신의 직장 상사한테 항의하는 대신 부하직원에게 화풀이하는 것이 영양소가 부족한 그림자 간식이다. 반면 영양소가 꽉 찬 그림자 간식은 부작용을 최소화하는 동시에 그림자 부분을 양육한다.

우리의 마음은 우리의 뇌 안에서 살고, 우리의 뇌는 우리의 몸 안에서 산다. 우리가 몸 안에서 살기 때문에, 영양소가 가장 꽉 차 있는 그림자 간식은 다름 아닌 신체적 움직임이다. 여기서 신체적 움직임은 운동과는 다르다.

움직임을 그림자 간식으로 활용하는 것이란 칼로리를 태우거나 복근을 만드는 게 아니라 마음 챙김mindfulness과 체현embodiment과 관련이 있다. 움직임을 통한 긍정적인 효과를 얻으려고 전문 댄서가 될 필요는 없다. 몸을 움직이면 호흡과 리듬이 바뀌는데, 이는 안전 신호를 우리의 뇌에 보내는 데 도움이 된다.

나는 《유캔댄스So You Think You Can Dance》[20] 시즌 6을 시청한 적이 있다. 개인적으로 가장 좋아했던 출연자는 전문 댄서이자 교육자, 신경조각기법 명상 도우미로 활동하고 있는 캐스린 매코믹Kathryn McCormick이었다. 캐스린은 자신의 웹사이트에 이런 글을 남긴 적이 있다. "나는 나의 모든 부분을 양육하는 방법을 배우고 있다. 나는 그 부분들에 동반되는 아주 다양한 감정과 감각을 받아들이는 방법을 배우고 있다. … 나는 나의 생활방식, 습관, 두려움 뒤에 놓인 온전함

---

20   2005년부터 미국에서 방영 중인 댄스 오디션 프로그램.

을 알아내려는 과정 중에 있다."

이 글에 감명받아 내가 그림자 부분과 연결되는 방법으로서 움직임에 대해 질문하니 그녀는 이렇게 답했다. "저한테 춤은 궁극적인 확인 절차와 같아요. 저의 잠재 의식적인 요구와 욕망을 드러내 보이죠. 때로는 그렇게 발견한 게 믿기 힘들 정도로 불편해요. 물론 제가 저의 감각이 느끼는 바를 즐기지 못할 수도 있겠지만, 움직임과 함께 하면서 제 안에 지속적이면서도 자연적인 지원 체계가 만들어졌다고 믿어요. 춤이든 다른 예술 형식이든 모든 움직임은 내적 장애물을 탐색하고 표현하며 변화시킬 방법을 제공하는 안전한 공간을 만들죠."

우리가 창의적인 발산 수단을 통해 그림자의 내용을 '탐색하고, 표현하며, 변형시킬' 수 있을 때, 우리의 내적 부분들은 빠르게 반응한다. 자신이 완전히 위축되거나, 화나거나, 불안할 때, 스트레스는 우리의 마음에만 있는 게 아니라 몸에도 있음을 기억하자. 음악에 취해 자신의 부분들을 원하는 대로 움직이게 하는 방식은 무기력에서 벗어나는 데 비용 효율 면에서 (그리고 시간 절약에) 좋다. 하루에 5분씩 시도해서 한 달 동안 꾸준히 실천한 후에 어떤 일이 생기는지 확인해 보자.

결론: 내면의 어두움은 집으로 가는 빛

시인이자 철학자인 존 오도너휴John O'Donohue는 이런 글을 남겼다.

"내면의 악마는 각각 소중한 축복으로 우리를 치유하고 자유롭게 할 수 있다. 이 혜택을 받으려면 두려움은 제쳐놓고, 모든 내적 만남이 야기할 수 있는 손실과 변화의 위험을 감수해야 한다." 우리의 마음은 때로는 무섭고 위험한 장소에 갈 수 있고, 이런 일이 일어나면 우리는 자신을 안전하게 머물 수 있도록 도와줄 다른 사람을 필요로 하게 된다. 하지만 우리 마음의 풍경을 어둡게 하는 생각이 꼭 나쁜 것은 아니다. 내면의 부분이 겁에 질려 비명을 지르는 것뿐이다.

내면의 아이를 스스로 보살피지 않으면 어른으로 성장할 수 없다. 자기 양육 없이 성공할 수 있을까? 물론이다. 그렇다면 자기 양육 없이 자신의 성공을 마음껏 즐길 수 있을까? 그건 좀 애매하다.

우리는 모두 자신을 움츠러들게 만드는 어두운 사고를 할 때가 있다. 하지만 사고는 행동과 다르다. 우리는 긍정적인 사고를 항시 할 필요가 없다. 온전함을 버리고 이로움만을 추구하면 큰 대가를 치러야 한다. 늘 좋은 사람이 되는 유일한 방법은 자신의 마음과 분리되거나, 자신에게 그리고 다른 사람에게 거짓말을 하는 것이다. 긍정성을 진정성보다 높이 사는 치유법은 자신에게 거짓말을 하라는 것과 같다.

어린이 책『그림자처럼 들러붙는 건 없어』에서 등장인물인 래빗은 자신의 그림자를 필사적으로 없애려고 한다. 하지만 어떤 방법도 먹히지 않는다. 그렇게 래빗의 좌절감이 커질 때쯤, 현명한 라쿤이 등장한다.

"난 내 그림자를 없애려 하고 있어." 래빗이 말했다.

그러자 라쿤은 이렇게 말한다. "그림자를 갖고 있으면 쓸모가 있어. 때로는 네가 어디로 가는지를 보여주고, 때로는 네가 어디에 있었는지를 보여주거든."

우리의 그림자는 우리를 집으로 안내하는 지도가 되어 우리가 세상에서 가장 필요로 하는 한 사람에게 데려간다. 바로 우리 자신에게 말이다.

핵심 정리 ──

- 그림자란 우리가 숨기거나 억누르는 자신의 일부분이다.
- 그림자 작업은 자신을 솔직하게 대면하는 과정이다.
- 온전해지려면 그림자가 필요하다. 온전함에는 빛과 어둠이 모두 필요하다.
- 자신의 그림자로부터 숨을 때, 그 그림자는 힘을 얻어서 다른 샛길로 나온다.
- SQ(그림자 지능)는 우리의 그림자 인식에 대한 척도다.
- 모든 그림자 부분에는 나름의 재능이 있다.
- 인간은 누구나 다양한 부분을 갖고 있다.
- 내면의 지휘자는 가장 파괴적이고 자멸적인 행동을 관리할 수 있다.
- 자신에게 3인칭으로 (자신의 이름이나 대명사를 써서) 말하기가 1인칭(나)를 쓰는 것보다 효과적이다.

행동 규칙 ——

해야 할 일	하지 말아야 할 일
우리가 행동에 나서기 전까지 우리의 그림자는 중립적임을 기억하기.	자신의 생각을 부끄러워하기. 생각은 행동이 되기 전까지는 좋거나 나쁜 게 아니다.
자신의 성격을 포함한 복잡한 체계는 모두 다수의 부분으로 이루어져 있음을 (자주) 기억하기.	상반된 사고와 감정을 갖는 자신을 위선자로 치부하기. 서로 다른 부분들은 서로 다른 신념을 갖는다.
자극을 받았을 때 자기 체계의 어떤 부분을 보살펴야 하는지 자문하기.	아이 같은 부분을 어른의 관점으로 돌보려고 하기.
자신의 이름이나 대명사를 써서 자신에게 말하기.	자신에게 말할 때 나라는 표현 쓰기.

5분 도전 ——

1. 내면의 '출연진' 리스트를 만들라. 부분들을 최대한 많이 적은 후, 각 부분을 나이는 물론 그 부분이 좋아하는 것과 싫어하는 것까지 적어서 출연진 리스트를 만들라.

2. 3~5분 길이의 음악을 틀고 (바보처럼 느껴지거든 블라인드를 치고 불을 *끄라*) 각 부분을 원하는 대로 움직이게 하라.

3. 내면의 리더나 자기Self로부터 한 부분에게 보내는 편지를 쓰라. 그런 다음 자신의 부분으로부터 내면의 리더에게 보내는 편지를 쓰라. 부분이 보내는 편지를 쓸 때는 평소에 안 쓰는 손을 활

용하라.

4. 내면의 부분들이 약간 허기를 느낄 때 쉽게 꺼낼 수 있는 그림자 간식들을 리스트로 만들라.

2부
《 우리를 무기력하게 만드는 》
관계들

5장

적당한 거리두기를 위한
세 가지 연습

패턴을 만들려면
두 사람이 필요하지만,
그것을 바꾸는 데는
한 사람만 있으면 된다.

에스더 페렐Esther Perel[21]의

『왜 다른 사람과의 섹스를 꿈꾸는가(Mating in Captivity: Unlocking Erotic

Intelligence)』중에서

정신없고 중독적인 관계 속에서 오랫동안 이어진 감정의 불꽃놀이를 견딘 후, 나는 결국 무너졌다. 동화 같은 로맨스로 시작된 연애는 비밀, 거짓말, 사랑하는 파트너의 폭력으로 채워진 악몽으로 변했다. 다행히 중독 치료를 배우고 치료사의 삶을 살면서 나는 운 좋게 큰 도움을 받을 수 있었다. 우리 모두는 관계 문제를 어느 정도 겪게 된다. 내가 맞닥뜨린 정도까지 경험하진 않았을지는 몰라도, 가슴앓이는 흔한 일이다. 마야 안젤루Maya Angelou[22]는 이런 말을 남겼다. "사랑은 바이러스와 같다. 언제든 누구에게나 일어날 수 있다." 관계의

21   벨기에 출신의 심리치료사 겸 작가.

아픔에서 면역력을 가진 사람은 아무도 없다.

그래도 좋은 소식을 찾자면? 파괴적인 관계의 늪에서 벗어나기 위해 몇 년 동안이고 치료를 받을 필요는 없다. 친밀감과 신뢰는 자발적인 사람과 정확한 정보를 곁에 둘 때 가능하다.

이번 장에서는 파괴적인 관계에서 벗어나기 위한 세 가지 집중 훈련을 소개한다. 각각의 훈련은 학술지, 과학적 연구, 유명 저자의 말, 내 임상 경험, 증거에 기반한 최고의 심리치료 관행 등을 종합한 결과물이다.

파괴적인 관계에서 벗어나려면

집중 훈련 1(갈등 대비 언어)에서는 타인과의 대화가 다른 길로 새는 이유를 배우고 간단한 차선책을 확인할 것이다. 이어서 집중 훈련 2(경계)에서는 경계와 요구의 차이를 파악할 것이다. 이 둘을 구분하는 것이 왜 중요하냐고? 경계 세우기와 요구하기의 차이는 간단한 2분짜리 대화와 마라톤처럼 길게 이어지는 무자비한 싸움의 차이만큼 다르다. 마지막으로 집중 훈련 3(사과 대 개선)에서는 관계의 실수를 고치는 방법을 상세한 스크립트로 소개한다.

---

22   미국의 시인 겸 인권 운동가(1928~2014).

노력이 많이 들 것 같다고? 처음에는 그렇다. 한숨을 쉬면서 "글쎄요, 뭣 하러 그래요?"라고 묻는 사람이 있을 것이다. 이에 대한 대답은 이렇다. 그렇게 하기를 피하는 것이 그렇게 하는 것보다 훨씬 더 많은 노력이 들기 때문이다. 세계적으로 유명한 부부치료 전문가이자 『연애할 땐 Yes 결혼하면 No가 되는 이유Getting The Love You Want』의 저자 하빌 헨드릭스Harville Hendrix는 이렇게 이야기한다. "우리는 변화의 두려움에 사로잡힌 포로다. 부부는 새로운 형태의 관계를 취하느니 이혼하고, 가정을 깨며, 소유한 모든 것을 나누려 한다."

집중 훈련 1. 비상구를 만들어라

친밀함에 대입할 수 있는 부처의 유명한 말씀이 있다. "고통은 피할 수 없고, 괴로움은 선택할 수 있다." 다른 방식으로 말하자면, 갈등은 피할 수 없지만, 싸움은 선택할 수 있다. 갈등 대비 언어는 어려운 대화 중에 안전함을 이끌어내는 소통 체계다.

3장에서 배웠듯이, 생존 모드에 사로잡힌 뇌는 논리적으로 사고하지 않는다. 위험을 감지한 뇌는 싸울 준비를 하고 주먹을 휘두른다. 이성적인 상태를 유지하려면, 편도체가 위축되지 않도록 안전 자극이 필요하다. 스탠 태트킨Stan Tatkin[23] 박사는 자신의 저서 『사랑에 통하다Wired for Love』에 이런 글을 남겼다. "파트너가 안전하고 안정된 느낌을 받는 데 최선을 다하라. 무엇이 파트너에게 중요하고 어떻게 하면 그에게 혹은 그녀에게 안전하고 안정된 느낌을 줄 수 있는지를 아는 것이 관계 개선의 출발점이다."

어떤 사람은 밤에 대화하고 싶어 하고, 또 어떤 사람은 아침에 이야기하고 싶어 한다. 어떤 사람은 갈등 상황에서 서로 나란히 앉기를 바라고, 어떤 사람은 물리적 공간을 더 두고 싶어 한다. 기업에서는 이러한 전략들을 세심하게 활용한다. 인사담당자라면 스타벅스에서 줄을 서서 기다리는 직원에게 무턱대고 무섭게 다가가서 이런 말을 불같이 내뱉는 일은 절대 없을 것이다.

"커피 마시러 1등으로 나가는 사람은 늘 당신이에요. 다른 사람은 안중에도 없죠. 그리고 회의에는 왜 늘 지각하나요? 난 당신이 싫어요. 당신을 자를 거예요. 하지만 회사를 떠나진 마세요. 우리는 당신을 정말 사랑해요. 하지만 이게 얼마나 효과를 낼 수 있을지는 모르겠네요. 잊으세요. 그냥 잊으세요."

이상하지 않은가? 하지만 사랑하는 파트너가 문밖으로 나가는 순간, 우리가 그 사람에게 달려드는 상황은 얼마나 자주 있는가? 목소리를 높이고 무언가를 이야기했다가 나중에 후회하는 경우는 얼마나 흔한가? 우리의 싸움은 한 가지를 이야기하다가 모든 것을 이야기하

는 상황으로 얼마나 빠르게 변하는가?

게리 채프먼Gary Chapman[24] 박사는 『5가지 사랑의 언어The Five Love Languages』에서 이렇게 적었다. "한 사람이 상대의 이야기를 듣다가 흐름을 끊고 자기 생각으로 말참견을 하기까지 걸리는 시간은 17초에 불과하다." 이는 우리가 17초 안에 하고 싶은 말을 제대로 하지 않으면 압승, 완패, 사건 종결이라는 뜻이다.

채프먼 박사가 진행한 사랑의 언어에 대한 연구는 우리의 파트너가 사랑받고 싶어 한다는 사실을 전한다. 여기서 채프먼 박사는 긍정의 표현, 봉사 행위, 함께하는 시간, 스킨십, 선물 등 다섯 가지의 확실한 형태를 제시한다. 파트너가 쓰는 사랑의 언어를 알면 애정을 보이고 받기가 쉬워질 수 있다. 그러나 분노가 극에 달했을 때 사랑의 언어를 쓰는 행위는 평범한 사람에게 상상조차 할 수 없다. 채프먼 박사의 이야기를 더 들어보자. "사람들은 이혼을 계획하면서 결혼하지 않는다. 이혼은 결혼에 대한 준비가 부족한 결과이고, 친밀한 관계 속에서 동료로서 함께 일하는 기술을 배우는 데 실패한 것이다."

매 순간 다정한 사랑 표현을 할 수 있다면 좋겠지만, 우선은 갈등 대비 언어를 알고 있어야 한다. 갈등 대비 언어를 6가지로 정리해 보았다.

---

[24]　미국의 작가 겸 라디오 진행자(1938~). 인간관계를 주제로 한 책 시리즈인 '5가지 사랑의 언어The Five Love Languages'로 유명하다.

갈등 대비 언어 6가지

1. 사회적 거리두기	갈등 상황에서 돌아다닐 수 있는 공간을 많이 남기고, 자신을 출입구에 쉽게 접근할 수 있도록 하라. 이는 뇌가 위협을 느끼지 않도록 하는 데 도움이 된다.
2. 시간제한	수시로 휴식을 취하라. 그리고 시간을 재라. 이어서 시간이 되면 적어도 몇 시간은 (혹은 다음 날까지) 대화로 돌아가지 말라. 이렇게 하면 지속 가능한 속도로 긴 대화를 나눌 수 있다.
3. 가상 대 대면	어떤 사람은 (특히 학대를 겪은 사람은) 갈등 상황에서 상대와 같은 공간에 있으면 큰 자극을 받는다. 문자로 싸우는 행위는 추천할 만하지 않지만 전화 통화는 전적으로 허용 가능한 소통 수단이다.
4. 비상구	구속, 훈육, 지배, 굴복, 가학, 피학 등의 상황에서 누군가가 위협을 느끼거나 마음을 바꿨을 때, '안전한 표현'은 즉시 행위를 멈추는 데 쓰인다. 동의를 얻기 위한 어려운 대화에서도 같은 기술이 적용될 수 있다.
5. 식사 싸움	먹는 동시에 비명을 지르기란 거의 불가능하다. 싸우거나-도망가거나-얼어붙어 있기 경보가 울리면 소화가 안 되기 때문이다. 식사 중에 어려운 대화를 하기로 동의하는 일은 곧 상황의 확대를 피하기 위해 생존의 뇌의 원리에 기대는 것과 같다.
6. 지리적 위치	지리적 결정을 내리면 더 안전한 동시에 덜 격한 상황을 만들 수 있다. 차 안에서 싸우면 빠져나갈 길이 없으니 빨리 위험해질 수 있다. 서로 마주 보거나, 옆으로 나란히 앉거나, 어떤 방에서 대화를 나누고 어떤 가구에 앉을지를 의식적으로 선택하거나.... 이러한 결정은 상황의 안전성을 크게 높일 수 있다.

　그런데 우리가 염두에 둔 갈등 대비 언어가 파트너의 그것과 다르다면 어떨까? 우선 여기에 나온 갈등 대비 언어 6가지를 숙지하고, 이어서 갈등 계약서를 활용하여 상황에 알맞은 표현을 만들어보자.

갈등 계약서

누구도 계약서 없이 집을 사지 않는다. 계약서 없이 변호사를 고용하지 않는다. 계약서 없이 헬스장 회원으로 등록하지 않는다. 하지만 결혼을 할 때 관계 계약서를 쓰는 사람은 얼마나 될까? 영화, TV, 대중문화는 부부 싸움을 당연한 것으로 만들고 미화하기까지 하면서 부부 싸움에 각본, 스포츠맨 정신, 가이드라인 등이 필요 없다는 잘못된 믿음을 퍼트린다.

하지만 필요하다. 갈등 계약서는 공정한 싸움의 규칙을 확실하게 명시한 문서다. 우리는 톰 브레이디Tom Brady[25]가 경기 중간에 필드 밖으로 걸어 나와서 팔짱을 끼고 "너무 열 받아서 못 뛰겠어"라고 말하리라고는 예상하지 않을 것이다. 미식축구 경기와 술집 싸움의 차이는 경기장, 규정집, 시간제한의 유무에 있다. 복싱 경기에서 가장 강력한 상대라도 경기 규칙에 동의하지 않으면 링에 오르지 못한다. 운동 세계에서는 혈기 넘치는 격렬함 속에서도 안전을 지키기 위한 끈질긴 노력이 있다. 하지만 우리는 스포츠 경기에서 확인되는 정도의 배려도 없이 사랑하는 사람과 말다툼한다.

성공한 전문직 부부인 데니스와 브라이언은 전략의 부재가 어떻게 감정의 폭발로 빠르게 바뀌는지를 보여주는 대표적인 예다. 에너지 넘치고 발랄한 47세의 데니스, 그리고 여러 사업을 꾸리기를 꿈꾸

---

25   미국의 유명 미식축구 선수(1977~).

며 매일 약 10킬로미터를 뛰는 51세의 브라이언. 두 사람은 인기 있는 반려견 미용실의 공동 소유주다. 데니스와 브라이언은 에너지 넘치는 커플의 대명사다. 그들이 페이스북에 올린 게시물에는 환하게 웃고 있는 10대 자녀들, 잡지에 나올 법한 실내 장식, 화려한 가족 휴가 등을 담은 수많은 사진이 나온다. 하지만 커튼 뒤에 가려진 혼란한 상황이 나타나기까지는 그리 오래 걸리지 않았다.

두 사람은 내 사무실로 쳐들어 오자마자 막상막하의 경기를 펼쳤다. 그녀는 그를 비난했다. 그는 그녀에게 목소리를 높였다. 그녀는 그에게 욕설을 연달아서 했다. 그는 너무 열받은 나머지 가죽이 거의 찢어질 정도로 소파를 움켜쥐었다. 나는 자리에서 일어나 이건 그들의 돈과 나의 시간을 낭비하는 일이기 때문에 곧장 상담을 마쳐야 한다고 유감스럽게 말했다.

그러자 이 총명하고 유능한 성인들은 깜짝 놀라서 조용해지더니 갑자기 몹시 수줍어하는 어린아이가 됐다. 그들의 트라우마 반응(내면의 알람)이 잦아들자, 그들의 사려 깊은 논의 능력이 되돌아왔다. 나는 브라이언과 데니스에게 관계 개선의 출발점으로 갈등 계약서를 쓸 것을 제안했다.

갈등 계약서란 관계의 위기가 찾아왔을 때 적용할 규칙을 자신과 파트너가 만들어 사인한 문서다. 경기장에서 벌어지는 경쟁에서 그렇듯이, 불시의 비겁한 행위 없이 극심한 갈등을 헤쳐나가려면 우선 말하는 방식에 대한 규정집을 만들어야 한다. 방식을 확정하면 누가 누구에게 무엇을 했는지에 관한 내용으로 안전하게 이동

할 수 있다. 마셜 로젠버그Marshall Rosenberg[26]는 『비폭력 대화Nonviolent Commuication』에서 이렇게 말한다. "자신이 행동하고, 생각하며, 느끼는 방식에 대한 책임을 의식하지 않으면 위험하다."

갈등 계약서를 만들면 의식적인 상태에 머무르기 때문에 나중에 후회할 표현을 피할 수 있다. 호흡을 가다듬고, 생각하며, 선택할 수 있는 충분한 감정적 여유를 찾으면, 무기력의 오랜 패턴에서 벗어날 수 있다. 갈등의 신호가 처음 나타나거든 계약서를 찾아서 말하기 조건들을 되새기라. 상대가 조건을 지킬 수 없고 지키지 않으려거든 자리에서 일어나라. 이 방식이 큰 파열음을 효과적으로 막을 수 있다는 사실에 놀랄 것이다.

학계에서는 관계에 관한 계약서가 실효성이 있는지를 두고 다소 의견이 엇갈린다. 어떤 전문가들은 계약서를 추천하고, 또 어떤 전문가들은 계약서를 사용하지 말라고 경고한다. 하지만 실효성이 떨어지는 갈등 계약서는 성관계 빈도, 집안일 분담, 인척 방문, 야간 데이트 일정 관리, 선물 기준 같은 주제에 초점이 맞춰져 있다. 반면에 내가 선호하는 계약서는 오로지 갈등 협의에 초점을 맞추고 있다.

연구에 따르면, 화가 났을 때 우리의 뇌는 논리적인 상태에서 비이성적인 상태로 변한다. 뇌가 비이상적인 상태로 변할 때, 사랑하는 파트너는 적대적인 상대가 된다. 뇌가 이성을 잃었을 때, 이성적인 논의

---

26   미국의 심리학자이자 교육자(1934~2015). 비폭력대화센터Center for Nonviolent Communication의 설립자이기도 하다.

는 시도해 봤자 무의미하다. 사전에 합의된 동의 없이는 우리가 과거의 패턴에 매몰될 가능성이 크다. 데니스와 브라이언의 갈등 계약서는 얼추 다음과 같았다.

이 계약서는 데니스와 브라이언이 함께 작성한 것이다. 부부는 갈등에 관한 다음 조건에 동의한다.

- 부부는 이의 제기 일정을 아웃룩 회의 초대 기능으로 세우는 데 동의한다.
- 부부는 이의 제기에 관한 대화를 휴일/생일/중요 이벤트 후 24시간 안에 나누지 않는 데 동의한다.
- 부부는 대화 시 대면 방식과 줌Zoom 방식을 번갈아서 쓰는 데 동의한다.
- 부부는 거실에서 언쟁하되 데니스는 회색 안락의자에, 브라이언은 오토만에 앉은 상태에서 하는 데 동의한다. 이때 두 사람은 최소 3미터 거리를 늘 유지하는 데 동의한다.
- 부부는 어떤 언쟁이든 아이들이 모두 없을 때만 하는 데 동의한다.
- 부부는 언쟁이 30분을 넘기면 즉시 멈추고 1시간 동안 쉬는 데 동의한다. 언쟁이 60분 안에 해결되지 않으면, 두 사람은 24시간 휴식 후 재개하는 데 동의한다.

- 부부는 한 사람 혹은 두 사람 모두 계약서 조건을 지키려고 하지 않을 경우 그/그녀가 대화를 즉시 끝내고 24시간 안에 다시 시도하는 데 동의한다.

이 계약서가 우습게 보일 수도 있다. 갈등 계약서를 쓴다는 건 확실히 어설프고 어색하게 보인다. 이러한 계약서를 작성하려면 많은 시간과 노력이 든다. 그러나 투자수익은 높다. 스티븐 코비Stephen Covey[27]는 『성공하는 사람들의 7가지 습관The 7 Habits of Highly Effective People』에서 무엇이 시급한지보다 무엇이 중요한지를 고려하라고 가르친다. 즉 상황의 시급성과 상관없이 의견 충돌의 내용으로 들어가기에 앞서 대화의 절차를 구조화하는 일이 중요하다.

'좋은 울타리는 좋은 이웃을 만든다'란 말이 있다. 이러한 생각은 친밀함에도 적용할 수 있다. 좋은 가이드는 좋은 파트너를 만든다. 건강한 관계에서 우리는 자신의 한계를 알고 파트너의 한계를 존중한다. 이는 경계의 역할 방식에 대한 이해를 요구하는데, 자세한 내용은 이어지는 집중 훈련 2에서 살펴보겠다.

---

27 미국의 교육자·사업가·강연자(1932~2012). 1996년 『타임Time』지에서 선정한 가장 큰 영향력을 가진 25인 명단에 이름을 올렸다.

집중 훈련 2. 경계 세우기

경계는 둘 이상의 것을 나누는 물리적 혹은 은유적 테두리다. 대양의 가장자리는 육지와 바다 사이의 경계다. 우리의 피부는 외부 세계와 우리 안의 장기·세포·조직 사이의 경계다. 벽은 방들을 나누는 경계다. 관계에서의 경계는 우리의 한계다. 우리의 경계는 우리의 인내와 의지의 가장자리를 가리킨다. 좌절감, 분함, 그리고 당연하게 여겨지는 감정은 모두 경계 문제에서 숨길 수 없는 신호다.

저마다의 규율과 정신적 지향성을 가진 작가들이 경계의 필요성에 대해서는 다음처럼 입을 모았다.

- "우리의 삶 속에서 우리의 경계를 존중할 수 있는 저들은 우리의 의지, 우리의 의견, 우리의 개성을 사랑할 것이다. 우리의 경계를 존중할 수 없는 저들은 우리의 반대 의견을 사랑하지 않는다고 우리에게 말하고 있다. 그들은 우리의 동의, 우리의 순응을 사랑할 뿐이다." 헨리 클라우드Henry Cloud 박사·존 타운센드John Townsend 박사의『경계: 우리의 인생을 주도하기 위해 언제 예스라고 말하고, 어떻게 노라고 말할 것인가Boundaries: When to Say Yes, How to Say No to take Control of Your Life』중에서 (이 책은 성경에 기반한 기독교적 자기계발서다.)

- "사람들과 방에 들어가기 전에 목표를 확실히 세워서 자기 에너지를 보호하고 건강한 경계를 만들라." 가브리엘 번스타인Gabrielle Bernstein,

『우주에는 기적의 에너지가 있다The Universe Has Your Back: Transform Fear to Faith』를 쓴 영적 자기계발서 저자

- "좋은 경계를 세우려면 많은 용기가 필요하다… 하지만 그 목적은 의사소통을 더 분명히 하는 데 있다." 페마 쵸드론Pema Chödrön, 작가 겸 승려

- "우리는 경계를 세우고 사람들에게 책임을 묻지 못하면 이용당하고 홀대받은 느낌을 받는다." 브레네 브라운 박사, 연구 교수이자 다섯 권의 『뉴욕타임스』 베스트셀러 1위 책 저자

- "경계가 건강하면 취약성은 통제된다." 피아 멜로디Pia Mellody, 애리조나주 메도스 오브 위켄버그Meadows of Wickenburg의 클리니컬 펠로우clinical fellow 겸 회복 전문가

- "'아니오'는 완전한 문장이다." 앤 라모트Anne Lamott, 수필가 겸 작가

파트너는 경계에서 기대감을 다스린다. 이것이 왜 중요할까? 기대와 현실 사이의 공간에서 응어리가 생기기 때문이다. (성적, 경제적, 신체적, 정서적, 대화상 등) 다양한 경계가 있지만, 이번 집중 훈련에서 우리는 관계의 무기력함을 없애는 데 가장 먼저 필요한 그것, 바로 행동 경계에 초점을 맞출 것이다.

행동 경계

경계를 둘러싼 가장 큰 오해가 있다. 다른 누군가가 우리에게 보이는 동의가 경계의 요구라고 착각해선 안 된다. 경계는 다른 사람이 무언가를 하게끔 만드는 것과 무관하다. 사람들은 보통 자신이 경계를 세운다고 생각하지만, 실제로는 요구를 한다. "그 사람들이 내 경계를 넘어오잖아!"라는 표현은 "그 사람들은 내가 바라는 대로 행동하지 않았어!"라는 뜻에 가깝다.

앞선 내용을 떠올려보면 알겠지만, 경계와 요구의 차이는 짧은 대화와 마라톤급 언쟁의 차이만큼 다르다. 요구란 누군가에게 무언가를 해달라고 부탁하는 것이다. 예 혹은 아니오를 결정할 힘은 우리가 요구를 하는 상대에게 있다. 이때 토론과 언쟁의 장은 활짝 열려 있다.

반면에 경계란 상대의 행동에 반응하여 우리가 내리는 선택을 가리킨다. 이때 논의는 필요 없다. 경계에는 다른 사람의 조언이나 승낙이 전혀 필요 없다.

예를 들어, 어떤 사람이 출발 2시간 전에 공항에 가 있고 싶다면서 아내에게 경계를 세우려고 할 수 있다. 아내는 시간에 딱 맞춰서 공항에 가려고 하지만, 그 사람은 그렇게 서두르는 것이 싫다. 이때 아내에게 일찍 떠나자고 하는 것이 요구다. 반면 경계는 "당신이 그 시간에 맞춰서 공항으로 가지 않는다면, 난 우버를 타고 일찍 가 있고 당신을 거기서 만나겠어"라고 하는 것이다. 경계란 자신의 선택에 달려 있다. 자신이 원하는 바를 다른 사람이 하는 데 달린 게 아니다. 상

요구	행동 경계
"늦어지면 나한테 전화해서 알려줬으면 정말 좋겠어."	"집에 도착할 시간을 알려주지 않으면, 음식을 더 만들어놓지 않겠어."
"당신이 밤에 와인 3병 마시는 거 정말 싫어. 그거 그만해."	"당신이 밤에 와인을 1병 이상 마시면, 난 다른 침실에서 자겠어."
"당신이 막판에 계획을 짜면 정말 돌아버리겠어. 언질을 더 줬으면 정말 좋겠어."	"나는 계획을 짜려면 3일 전에 언질을 받아야 해. 계획 짤 시간을 안 주면 나는 무조건 싫다고 하겠어."
"당신 친구 케빈은 정말 별로야. 난 그 사람이랑 같은 공간에 있기 싫어."	"케빈이 당신 친구라는 건 인정해. 하지만 그 사람을 파티에 초대할 거라면 나는 그 파티에 안 가겠어."

대가 X를 선택하면 자신은 Y를 선택할 것임을 그 사람이 알게 하는 것, 그것이 경계다.

이런 항의가 있을 수 있다. "잠시만요, 이건 그냥 최후통첩 같은데요!" 최후통첩을 좋아하는 사람은 없다. 경계와 최후통첩의 가장 큰 차이는 의도다.

최후통첩은 권력과 통제, 그리고 관계의 지배와 관련이 있다. 반면에 경계는 안전과 여유, 그리고 관계의 유지와 관련이 있다. 최후통첩은 이런 식이다. "당신이 나랑 일주일에 다섯 번 섹스하지 않으면 난 바람피울 거야." 자신의 의도가 현재에 머물면서 자기 마음을 중시하는 데 있는지, 아니면 자기 파트너의 행동을 변화시키는 데 있는지 간단히 자문해보면 양쪽을 더 잘 구분할 수 있다.

어떤 사람이 우리에게 위협을 가하고, 소리를 지르며, 길을 가로막는다면, 혹은 어떻게든 우리가 경계를 세우고 내세우지 못하게 막는다면, 그것은 학대다. 학대는 이번 장에서 다룰 주제가 아니지만, 빠르게 짚고 넘어가자면 그것은 관계의 문제가 아니다. 소통의 문제도 아니다. 학대에 책임이 있는 유일한 사람은 학대 가해자이고, 그게 전부다. 관계에 대한 충고는 대부분 학대 상황에 적용되지 않고, 부부치료는 파트너 한 사람이 폭력적인 경우에는 소용이 없다.

자신의 관계가 폭력적일까 봐 걱정하기 전에, 가장 건강한 관계에도 때로는 차선의 선택이 있음을 기억하라. 이따금 불쾌한 감정 폭발이 일어난다고 관계가 꼭 위태롭다는 뜻은 아니다. 우리의 실수를 자신과 파트너가 기꺼이 인정하고 다시 시도하고자 한다면(집중 훈련 3을 참고하라) 당황할 필요는 없다. 냄비가 끓기 전에 경계를 더 잘 익혀두면, 관계의 뜨거운 물에서 더 빨리 나올 수 있다. 관계 치료 전문가인 존 가트맨John Gottman은 『관계 치유The Relationship Cure』에서 이렇게 썼다. "관계 맺기는 마술이 아니다. 여느 기술처럼 배우고 연습하고 익힐 수 있다."

경계를 처음 세울 때는 끔찍하게 느껴질 수 있지만, 어쨌든 세우라. 경계 세우기를 배우는 것은 근력을 키우는 과정과 같다. 훈련과 연습 없이 턱걸이를 20개나 하리라고는 기대하지 않을 것이다. 경계 세우기를 부끄러워하지 말라. 경계를 자기 치유 전략으로 여기는 데 익숙하지 않다면, 자기 치유 행동을 이기적인 행동과 혼동할 수 있다. 경계를 처음 세울 때는 누구든 잠시 못되고 이기적인 사람이 된 기분이

든다. 못되고 이기적으로 느끼는 것은 못되고 이기적으로 행동하는 것과 다르다. 이기적인 사람은 남에게 애정과 관심을 주지 않는다. 자신이 이기적일까 봐 걱정한다는 사실은 자신이 이기적이지 않을 확률이 높다는 뜻이다.

경계는 임시 공간을 만드는 것이다. 경계의 목적은 우리가 최선을 다할 준비를 완벽히 한 상태로 대화를 다시 시작할 수 있게끔 안전하고 침착한 느낌을 유지하는 데 있다.

집중 훈련 3. 사과보다는 개선을 약속하라

만약 상황이 (예상과 달리) 궤도를 벗어나고 우리가 (모두 가끔 그렇듯이) 상황을 망쳤다면, 사과가 아닌 개선에 기대는 편이 회복에서 훨씬 더 효과적이다. 사과와 개선의 차이, 그리고 그것이 중요한 이유에 대해서는 집중 훈련 3에서 알아보겠다.

사과의 포인트는 상처받은 감정을 확인하고, 실수나 오해에 대한 후회를 표현하며, 반복을 피하기 위한 계획을 내놓는 데 있다. 하지만 '미안해I'm sorry'라는 표현은 이러한 의미를 전혀 담고 있지 않다. 메리엄-웹스터 사전에서는 sorry라는 단어를 "슬픔을 느끼는 것feeling sorrow"이라고 정의한다. 음… 무엇이 슬플까? 바람을 핀게 걸려서 슬플까? 장황한 감정적 대화가 갑자기 필요해서 슬플까? '미안해'는 잘해봤자 별 의미 없는 말이고, 여기에 '~(했)다면'이라는 표현이 섞이면 순식간에 독이 된다. 이 표현들을 같이 쓰는 것은 인간답지 않게 구는 방법에 대한 궁극적인 연습이 된다.

- 감정이 상했다면 미안해.
- 상황을 안 좋게 받아들였다면 미안해.
- 내가 한 게 별로였다면 미안해.
- 화났다면 미안해.
- …했다면 미안해.

당신은 이러한 표현을 듣고 이해받고, 관심받으며, 인정받고, 관계에 안정감을 얻은 경험이 있는가? 나는 없다.

수렁에 빠진 관계를 가장 빨리 구해내려면 사과보다는 개선에 집중해야 한다. 개선하기는 12단계 중독 치료 모델Twelve-Step addiction recovery model에 기반한 개념이다. 우리가 중독자건 아니건 개선은 타당한 행위다. 중독 치료 전문 기관인 헤이즐든 베티 포드 재단Hazelden Betty Ford Foundation에서는 이렇게 이야기한다. "개선을 우리 삶의 새로운 방식을 보여주는 행위로 생각하라. … 반면에 사과는 기본적으로 말에 불과하다. 우리가 개선을 실천하는 경우, 자신의 잘못을 받아들인 다음 자기 원칙에 따라 생활함으로써 자신의 가치를 인정하고 행동을 바라게 된다." 사과는 인정이나 지지라는 목적을 얻지 못한다. '미안해'라는 표현은 공허하고 무의미할 때가 많다. 하지만 우리는 모두 아주 어렸을 때부터 누군가의 감정을 상하게 하면 '미안해'라고 말해야 한다고 배웠다.

물론 누군가의 발을 밟거나 커피머신의 물을 다시 채우지 않았을 때 '미안해'는 통한다. 사과는 간단한 사과와 일반적인 예의로서 훌륭하다. 하지만 관계의 난절이 깊어질 때는 사과보다 더 강력한 무언가가 필요하고, 이때 필요한 것이 개선이다.

개선은 상처를 아물게 하는 확실한 방법이다. 나는 개인적으로 '네 가지 O'라고 명명한 방법을 사용한다. 이 방법을 쓰면 치료에 드는 시간과 엄청난 비용을 아낄 수 있다. 이 스크립트를 따르면 길고 반복적인 대화에 대한 필요가 크게 줄어든다.

개선 방법: 네 가지 O

1	자신의 행동을 인정하기(OWN). "내가 ... 했다는 걸/하지 않았다는 걸 인정해."
2	자신의 행동이 파트너에게 미친 영향을 살피기(OBSERVE). "당신한테 분명히 ...한 느낌이 들었을 것 같아."
3	그 행동을 다시는 하지 않을 것이라는 자신의 계획을 간추려 말하기(OUTLINE). "앞으로는 ... 해서 이런 일이 없도록 할게."
4	자신의 행동과 관련해서 더 공유받을 내용이 있다면 잘 새겨듣겠다고 의지 보이기(OFFER). "당신이 이번 일로 받은 영향에 대해서 내가 더 알아야 할 부분 혹시 있을까? 잘 새겨들을게."

이 화법을 실제로 하면 어떤 모습일까? 에사라는 회계사가 있는데,

그가 중요한 서류 제출 기한을 앞두고 있다고 치자. 주초에 아내인 데이비는 에사가 일을 처리할 수 있도록 토요일 아침에 아이들을 돌보기로 약속했다. 토요일 아침이 됐다. 데이비는 약속을 잊고 코스트코로 달려가서 시간 가는 줄 모른 채 돌아다닌다. 그 바람에 에사는 두 어린 자녀와 제멋대로 구는 초콜릿색 래브라도 리트리버를 먹이고, 뒤치다꺼리하고, 놀아주느라 하루를 순식간에 써버린다. 데이비의 기본적인 사과는 '늦어서 미안해'라는 간단한 말일 것이다. 하지만 이렇게 말하면 독이 든 사과가 된다. "그게 말이지, 나도 할 일이 좀 있었어. 기한을 놓쳤다면 미안해. 하지만 어쩔 수 없잖아."

기본적인 사과든 독이 든 사과든 그 안에는 동정심이 담겨있지 않다. 우리는 관계를 충분히 오랫동안 지속하다 보면 양쪽의 입장이 되어 주거니 받거니 하게 된다. 나는 이 부분을 알기 전까지는 진정한 관계 개선을 위한 시도보다는 죄책감을 피하기 위한 반사적인 노력으로 사과를 했다.

데이비가 에사에게 사과 대신 개선책을 내놓았다면 아마 이랬을 것이다.

1. 내가 시간을 완전히 까먹어서 애들을 보겠다는 약속을 못 지켰어. (인정하기)
2. 당신이 열받고, 당황스럽고, 배신당한 기분이 들고, 기한을 놓치지는 않을까 겁이 났을 것 같아. (살피기)
3. 앞으로는 당신을 위해 무언가를 꼭 하기로 했을 때 굳이 내 할

일을 하겠다고 애쓰지 않을게. (간추려 말하기)

4. 당신이 이번 일로 받은 영향에 대해서 내가 더 알아야 할 부분 혹시 있을까? 잘 새겨들을게. (의지 보이기)

이 방법을 사용하면 여러 과제를 해결할 수 있다.

- 파트너가 이상한 게 아님을 파트너 본인에게 입증해 준다. 파트너를 속상하게 만든 일은 분명히 우리의 행동 때문에 일어났다.
- 공감 어린 표현을 하면, 파트너는 자신이 관심받고 인정받았다고 느낄 수 있다. 이는 깊은 치유와 개선을 위한 가교가 된다. 또한 변연계의 (감정의) 뇌 활동을 더디게 하고, 이성적이고 논리적인 의사소통을 가능하게 한다.
- 책임감을 느끼고 계획을 세워서 문제를 반복하지 않도록 한다.
- 파트너는 우리에게 문제를 막을 계획이 있음을 알고 안심할 수 있다.
- 파트너의 이야기를 적극적으로 듣겠다고 하면 분한 마음이 커지는 일을 막고, 친근감과 회복을 위한 여유가 생긴다.

오해에서 비롯된 갈등 상황은 어떨까? 오해에는 잘못에 대한 자책이나 시인이 필요 없기 때문에 네 가지 O가 훌륭한 역할을 한다. 데이비와 에사의 예로 돌아가보자. 여기서 데이비가 아이를 돌보는 데 동의하지 않았고 에사의 마감 기한도 몰랐다고 가정해 보자. 토요일 아침에 데이비는 코스트코에 갔다가 오후에 돌아오고, 에사는 마감 기한을 놓친다. 엄밀히 따지면 데이비는 아무것도 '잘못하지' 않았다. 하지만 사랑하는 파트너로서 그녀는 에사의 감정을 여전히 지켜주고 싶다. 이러한 경우에 데이비는 다음과 같은 방식으로 네 가지 O를 사용할 수 있다.

1. 내가 볼일을 보러 나가 있었던 탓에 당신이 마감 기한을 놓쳐 버렸네. (인정하기: 데이비가 객관적인 사실을 제시하는 데 주목하라. 그녀는 자신의 행동이 에사에게 미친 영향을 언급하고 있다. 사과하거나 죄책감을 짊어지지 않는다.)

2. 마감 기한을 놓쳐서 좌절하고 겁이 났을 것 같아. (살피기: 우리의 의도와 상관없이, 이 단계에서 우리는 자신의 행위가 다른 사람에게 어떤 영향을 미쳤는지를 확인할 수 있다. 공감 어린 표현을 사용함으로써 우리는 자신의 행동을 방어하거나 정당화할 필요가 없다.)

3. 앞으로 토요일 아침에 나가기 전에는 당신한테 확인을 받을게. (간추려 말하기: 이 단계는 더 나은 소통을 통해 이러한 일이 되풀이되는 상황을 막을 수 있다는 사실을 인정한다.)

4. 당신이 이번 일로 어떤 영향을 받았는지 내가 알아야 할 부분이 있을까? 잘 새겨들을게. (의지 보이기: 사람들은 대부분 자신이 더 잘

이해받을 수 있는 기회를 환영한다.)

결론: 우리에게는 새로운 대화법이 필요하다

여기서 데이비는 잘못을 사과하지 않는다. 실수가 존재하지 않기에 실수를 책임지지 않는다. 하지만 데이비가 하는 행위는 인정하고, 살피고, 간추려 말하고, 의지를 보여서 에사를 안심시킨다.

개선하기는 처음에 어색한 느낌이 든다. 내가 만난 내담자들 상당수가 "이상해요. 아무도 이렇게 말하진 않아요." 하면서 불평했다. 맞다. 이렇게 말하도록 배운 사람은 아무도 없다. 전형적인 대화 방식은 아니다. 우리가 평소 쓰는 말하기 방식이 얼마나 효과가 있었나?

애리조나주에 위치한 입원환자 마약 재활 시설에서 일할 때, 환자들은 경계와 개선에 관한 역할극에 긴 시간 동안 참여했다. 내가 좋아한 환자 중에는 20대 초반 나이에 중독 치료 중이던 알렉스가 있었다. 알렉스는 참을성이 전혀 없고 성격이 급했다. 치료 프로그램 초반 몇 주 동안 그룹 치료를 받을 때에는 혼자 으르렁거리더니 갑자기 "브릿, 이건 내가 여태까지 들어 본 가장 바보 같은 말하기 방식이에요" 하고 폭발하기 일쑤였다. 하지만 치료를 마칠 무렵에는 9개월째 금주 중이었고, 학업을 다시 시작했으며, 건설 일을 비상근으로 정말 즐겁게 하게 됐다. 몇 달 후, 그가 문자 한 통을 보냈다.

안녕하세요, 알렉스예요. 술을 끊고 아주 잘 지내고 있습니다. 혹시 우리가 그 개선하기를 하면서 해야 했던 그 바보 같은 연습 기억하세요? 맞아요, 효과가 있어요. 정말 효과가 있어요. 여전히 싫긴 하지만요.

핵심 정리 ——

- 파트너는 바꿀 수 없지만, 파트너에게 반응하는 방식은 바꿀 수 있다.
- 자신의 갈등 대비 언어를 알면 언쟁 중에 자신을 더 잘 통제할 수 있다.
- 갈등은 피할 수 없다. 하지만 싸움은 선택할 수 있다.
- 갈등 계약서를 마련하면 언쟁 시 안전한 환경을 만드는 데 도움이 될 수 있다.
- 자신과 파트너가 갈등 계약서를 따를 의지가 없다면 그대로 자리에서 일어나라.
- 요구는 다른 누군가에게 무언가를 해달라고 부탁하는 것이다. 그것을 할지 말지의 선택권은 상대방에게 있다.
- 경계는 다른 누군가에 대해서 자신이 하겠다고 선택한 무언가를 가리킨다. 그것을 할지 말지의 선택권은 자기 자신에게 있다.
- 개선하기는 '미안해'라고 말하는 것보다 더 효과가 있다.
- 개선하기는 4단계로 구성된다. 자신이 한 일을 인정하기Own, 그것이 파트너에게 미친 영향을 살피기Observe, 그것을 다시는 하지 않으리라는 계획을 간추려 말하기Outline, 의지 보이기Offer.

행동 규칙 ——

해야 할 일	하지 말아야 할 일
갈등 상황에 들어가기 전에 휴식, 음식, 수분을 잘 취하도록 하기.	수면이 부족하거나, 배고프거나, 목마를 때 언쟁하기.
언쟁 시 가장 안전하다고 여기는 방식을 고려하기. 대면으로? 식사와 동시에? 줌으로?	두 사람 모두 규칙에 동의하지 않은 상태에서 갈등 상황에 들어가려고 하기.
사소한 일에도 '미안해'라고 말하기.	중요한 일에만 '미안해'라고 말하기. 대신에 개선을 위한 4가지 O를 활용하라.
갈등 계약서, 개선안, 경계를 공유할 의향이 있는지 파트너에게 물어보기.	파트너가 힌트를 얻길 바라는 마음에 침실 탁자 위에 이번 장을 책갈피로 표시해 둠으로써 수동적·공격적 태도를 보이기.

5분 도전 ——

1. 네 가지 O 표를 노트에 옮겨 적으라. 그리고 간단한 상황을 두고 파트너와 연습해보라. 예를 들면 다음과 같다.

1	자신이 한 일을 인정하기(OWN). ("내가 … 했다는 걸/하지 않았다는 걸 인정해.")

내가 싱크대에 접시들을 내버려 뒀다는 거 인정해.

2	자신의 행동이 파트너에게 미친 영향을 살피기(OBSERVE). (*"당신한테 분명히 ... 한 느낌이 들었을 것 같아."*)

당신한테 분명히 좌절감이 들었을 것 같아.

3	그것을 다시는 하지 않으리라는 자신의 계획을 간추려 말하기(OUTLINE). (*"앞으로는 ... 해서 이런 일이 없도록 할게."*)

앞으로는 부엌을 청소할 시간이 있도록 15분 더 일찍 알람을 맞춰 둘게.

4	자신의 행동과 관련해서 더 공유받을 내용이 있다면 잘 새겨듣겠다고 의지 보이기(OFFER). (*"당신이 이번 일로 받은 영향에 대해서 내가 더 알아야 할 부분 혹시 있을까? 잘 새겨들을게."*)

이 상황에 대해서 내가 알았으면 하는 게 혹시 더 있을까?

6장

애쓰지 않아도 괜찮은
어른의 우정과 사랑

수요일이 되면
우리는 핑크색을 입지.

5학년 패거리가 한을 품으면 오뉴월에도 서리가 내린다. 그 패거리가 전형적인 롱아일랜드 소녀들의 집단이라면 특히 더 그렇다. 인정사정없다. 초등학교 버스 정류장은 매일 망신이 일어나는 장소였다. 아침마다 나는 버스가 얼른 도착하기를 기도했다. 여러 해 동안 심술궂은 여자애들이 나를 둘러싸고 험담을 나누는 동안, 나는 그저 책들을 움켜잡고 우두커니 서 있어야 했다. 때로는 무리 중 한 아이가 나를 죽 훑어보고는 쌀쌀맞게 쏘아보거나 사악한 목소리로 낄낄댔다.

비 오는 날은 최악이었다. 우두머리 앨리샤는 버스가 올 때까지 여자아이들을 자기 집으로 들여서 몸이 젖지 않고 따뜻하게 있도록 했다. 그러나 나는 모퉁이 정지 표지판 밑에 서 있었어야 했다. 그 아이들은 앨리샤의 집에서 내가 흠뻑 젖는 모습을 지켜봤다. 그러던 와중에 그 아이들이 내 스티커북을 훔쳐 간 운명의 그 날이 찾아왔다.

1990대 이후에 태어난 미국인이라면 이 소중한 어린 시절 유물을 잘 모를 것이다. 마인크래프트, 로블록스, 디즈니 플러스 전에 스티커북이 있었다. 이 빈 사진첩은 수집한 스티커를 보관하는 용도로 쓰였다. 내 스티커북은 나의 자존심이자 기쁨이었다. 거기에는 리사 프랭크[28]의 화려한 유니콘 스티커, 뽀송뽀송한 스티커, 번질번질한 스티커, 긁으면 향이 나는 스티커 등이 가득했다. 때로는 스티커 가게에 가서 내가 스티커북에 조심스럽게 덧붙일 스티커를 몇 개 고르기도 했다. 케어 베어스Care Bears[29], 레인보우 브라이트Rainbow Brite[30], 스트로베리 쇼트케이크Strawbeery Shortcake[31]… 나는 내가 모은 스티커들을 정말로 아꼈다. 그러다가 거센 바람이 불고 눈이 휘날리던 어느 날, 버스 정류장에서 앨리샤가 내 손에 있던 스티커북을 빼앗아 눈이 진창이 된 거대한 웅덩이에 던져버렸다. 그러고는 스티커북이 가라앉는 모습을 보면서 웃음을 터뜨렸다.

---

28 리사 프랭크Lisa Frank는 화려하고 독특한 디자인을 제작하는 미국 업체로, 디자인이 학용품과 스티커에 주로 쓰이면서 널리 알려졌다. 회사명은 창립자의 본명을 그대로 따랐다.

29 다양한 색을 띤 여러 마리 곰을 내세운 캐릭터. 미국에서 제작되었다.

30 미국의 연하장 업체인 홀마크 카드Hallmark Cards에서 만들어 TV 시리즈, 영화로도 제작한 금발 소녀 캐릭터.

31 미국의 연하장 업체인 아메리칸 그리팅스American Greetings에서 만들어 디자인 요소로 상품화한 만화 캐릭터.

내가 왜 이 이야기를 할까? 우정은 모든 단계에서 힘들다. 여성들은 아주 어릴 때부터 다른 여성을 싫어하고, 두려워하며, 혐오하고, 부러워하며, 비교하고, 망가뜨리라고 배운다. 그러한 역학은 우리가 성인이 되어서도 좀체 바뀌지 않는다. 학교 식당의 싸움 구역은 카풀하는 엄마의 드라마로 바뀐다. 프롬퀸[32]에 대한 압박은 '누가 학부모회 대표가 될 것인가?'의 게임으로 바뀐다. 어른들의 우정은 찾기 힘들고 어린 시절의 우정에 비해 끈끈하지 않다고 여겨진다. 하지만 그렇지 않다. 나는 30대 중반이 되어서야 관계의 치유적 마법을 경험했다.

우정은 사치품이 아니다. 우정은 신선한 물과 맑은 공기만큼 우리의 건강에 중요한 필수품이다. C. S. 루이스C. S. Lewis는 자신의 작품인 『네 가지 사랑The Four Loves』에서 시적이지만 잘못된 말을 남겼다. "우정은 철학이나 예술처럼 불필요하다." 그러나 과학은 우정이 실제로 생존에 필수적임을 밝힌다. 브레네 브라운 박사는 『나는 불완전한 나를 사랑한다The Gifts of Imperfection』에서 이렇게 썼다. "우리는 생물학적으로, 인지적으로, 신체적으로, 정신적으로 사랑하고, 사랑받으며, 소속감을 느끼도록 되어 있다. 그러한 욕구들이 충족되지 않으면 우리는 본래대로 기능하지 않는다. … 사랑과 소속감의 부재는 언제나 고통으로 이어질 것이다."

32　prom queen. 고등학교 혹은 대학교에서 열리는 무도회에서 최고로 뽑히는 여학생을 가리킨다.

과학은 우정을 건강한 삶에 필수적인 요소라고 반복해서 강조하지만, 친구가 바보 같은 천박함보다는 낫다는 생각은 때로 힘겨운 설득 작업이 될 수 있다. 우정이 생물학적으로 긴요하다는 전언은 여성 임원들만 있는 자리에서 특히 어려운 설득 작업이다. 이들은 내가 강연을 한 대상 중에 가장 부담스러운 집단이었다.

뛰어나고 아름다운 여성들이 모이기 시작하자 번쩍이는 고층의 펜트하우스는 강력한 네트워킹 에너지로 웅웅댔다. 나는 어땠냐고? 욕실에서 몸을 웅크린 채 토하지 않으려고 애쓰고, 담당 치료사한테 미친 듯이 문자를 보냈으며, 떨리는 손바닥으로 땀을 훔치고 있었다. '여자는 심술 궂다'는 오래 묵은 메시지가 내 머릿속을 맴돌았다. 나는 온 정신을 쏟아서 여기는 모퉁이 버스 정류장이 아니고, 나는 학교에 가는 자동차를 기다리는 못난 어린아이가 더이상 아니라고 되뇌었다. 여기서 잠깐. 갑자기 자신이 작고, 위축되며, 실제 나이보다 어린 느낌을 받는 경험에 공감할 수 있는 사람이 있을 텐데, 이러한 상황과 관련해서는 정서적 회귀를 주제로 한 9장에서 더 자세히 살펴보겠다.

그래서 내 연설의 주제가 뭐였냐고?

'사회적 참여의 과학: 왜 우정은 필수적인가.'

나는 나를 회의적으로 바라보는 50개의 차가운 눈빛을 받으며 똑바로 서서 억지 미소를 짓고는 발표를 시작했다. 그러다가 『하버드 여성 건강 시선Harvard Women's Health Watch』지에 소개된 충격적인 통계들을 접하고 호기심에 눈썹을 치켜올리는 사람들이 하나둘씩 보였다. "한 연구에서 30만 9천여 명의 자료를 살펴봤는데, 사람들과 탄탄한 관계를 맺지 못할수록 모든 원인으로 인한 조기 사망 위험률이 50퍼센트 증가한다고 합니다. 사망 위험성에 미치는 영향이 하루에 담배 15개비를 피우는 것과 얼추 비슷한데, 이는 비만과 운동 부족보다 더 심각한 수준입니다."

청중들은 술렁이기 시작했다. TED 강연자이자 수상 경력이 있는 작가, 그리고 심리학자이자 『월스트리트저널The Wall Street Journal』에서 사회과학 분야 칼럼니스트로 활동 중인 수전 핑커Susan Pinker에 대한 이야기가 나오자 사람들은 놀라서 더 크게 수군거렸다. 핑커는 『빌리지 이펙트The Village Effect』에서 "자신에게 중요한 사람들과 가까이 지내기를 소홀히 하는 일은 담배 한 갑을 피우는 습관, 고혈압, 비만 못지않게 건강에 위험하다"고 지적했다.

그러자 장내의 분위기가 확 바뀌었다. 팔짱이 풀리고 굳은 표정이 미소로 바뀌면서, 깊고 은밀한 대화가 이어졌다. 우리가 내면의 끝없는 비판, 가면 증후군, 모두를 계속 괴롭히는 외로운 감정을 안타깝게 여기자, 사람들은 고개를 강하게 끄덕였고 어떤 여성들은 웃기까지 했다. 행복 전문가로서 명망이 높은 미셸 로빈Michelle Robin 박사도 당시 참석자 중 한 사람이었는데, 그 날 이후 그녀는 나와 좋은 친구가 되었다. 그다음 봄에 함께 시간을 보내면서 그녀는 이런 이야기를 남겼다. "다들 건강의 요인으로 운동을 이야기하지만, 우리는 그에 못지않게 중요한 다른 게 있다는 사실을 염두에 둘 필요가 있어요."

우정은 건강의 우선순위에서 뒤로 밀려날 무언가가 아니라 건강에 필수적이다. 친구 찾기가 힘든 사람이 있을 텐데, 이번 장에서는 우정을 찾는데 필요한 세 가지 필수 정보에 초점을 맞출 것이다. 친구들이 계속 불만스럽게 느껴지는 사람이 있을 텐데, 이번 장에서는 그 이유를 이해하고 자신의 사회적 관계에 대해 새롭게 생각하는 방법을 알려줄 것이다. 우정의 역학은 데이트의 역학과 비슷하기 때문에, 친구 찾기의 원칙을 데이트 상황에 적용하는 것도 가능하다.

친구를 두는 일이 중요한 이유를 다룬 책과 자료는 넘쳐난다. 친구 찾기 방법을 다룬 블로그 포스트와 팟캐스트도 얼마든지 있다. 그럼에도 우정에 관한 우리의 목표는 희망 사항에 머무는 경우가 많다. 이는 우정에 관한 기존의 문헌들이 대부분 왜와 어떻게에 초점을 맞추고 무엇에는 거의 무관심하기 때문이다. 성인의 우정은 무엇으로 이루어지는가? 친구에게 바라는 역할은 무엇인가? 우정에 관한 나쁜 미신 중에 무엇이 자신의 신념 체계에 몰래 들어와 있나? 이 질문들에 대한 대답을 친구 찾기의 3가지 D로 정리하고 하나씩 살펴보자.

1. 아동청소년기 우정과 성인기 우정의 차이Differences
2. 친구에게 바라는 역할 정의하기Defining
3. 우정에 관한 6가지 미신 무너뜨리기Deconstructing

아이와 어른의 우정은 다르다

내가 만난 내담자 중에는 7살짜리 소녀가 한 명 있었는데, 한번은 놀이 치료 중에 인형의 집에 푹 빠져 있었다. 그러다가 소녀는 잠시 멈추더니 미니어처 소파에 앉은 작은 플라스틱 소녀들을 유심히 보면서 내게 날카롭게 말했다. "에이미는 저랑 가장 친한 친구예요. 하지만 브랜린도 저랑 가장 가장 친한 친구죠. 저는 걔한테 전부 다 말해요. 그리고 우리는 선생님처럼 늙을 때까지 친구로 지낼 거예요!"

아동청소년기 우정과 성인기 우정이 같은 규칙으로 작동된다는 생각은 대표적인 인지 왜곡이다. 두 우정은 다르다. (가난 같은 억압적 요인은 배제하고 보면) 어린 시절에 우정을 쌓기가 훨씬 수월하다. 아이들은 담보대출금, 식사 준비, 교통 체증 같은 어른의 일을 걱정할 필요가 없다. 또한 아이들은 사회과학자들의 표현에 따르면 근접성 원칙의 이점을 누린다. 이 원칙에 따르면 유인attraction은 흔히 빈도와 근접성으로 예측된다. 어린이, 청소년, 심지어 대학생 들도 교실과 동네에서, 아니면 캠퍼스에서 매일 만난다. 이렇게 만나면서 우정에 대한 장벽이 크게 낮아진다. 다음 페이지의 표는 아동청소년기 우정과 성인기 우정 사이의 중요한 차이를 보여준다.

아동청소년기 우정 대 성인기 우정

이처럼 아동청소년기의 우정과 성인의 우정은 그 조건부터 다르다. 성인의 우정은 그 범위를 확대해야 한다. 나는 성인의 우정을 다

아동청소년기 우정	성인기 우정
책임이 따르고 성숙하게 여겨지는 행동에 대한 부담이 없어요.	책임이 따르고 성숙하게 여겨지는 행동을 상당히 부담스러워한다.
우리는 서로 매일 만나요!	함께하는 자리가 많지 않고 시간을 맞추기 어려울 때가 많다.
우리는 형제자매처럼 싸우지만, 마지막엔 늘 화해해요.	성인의 건강한 우정은 갈등을 경험할 수 있지만 싸움을 동반할 필요는 없다. 친구와 자주 싸운다면 우정을 재평가해야 할 때가 온 것이다.
우리는 영원히 친구로 남을 거야!	성인기 우정은 시간이 흐르면서 유기적으로 나타났다가 사라진다.
나는 가장 친한 친구와 서로 모든 걸 말해요!	무엇을, 언제, 누구와 함께할지에 대한 경계는 정서적 안정감을 유지하는 데 중요하다.

음과 같이 확대할 필요가 있다고 본다. 우정을 좁은 틀안에 가둬둘 필요는 없다. 우정의 개념을 다음과 같이 확대해 해보라.

- 친구들을 가끔 만나도 괜찮다.
- 시간이 지나면서 우정이 왔다가 가는 현실에 대해 인정해도 괜찮다
- '베프'만이 아니라 다른 수준의 우정을 즐겨도 괜찮다.
- 지속적으로 갈등을 일으키는 우정은 멀리해도 괜찮다.
- 모임에서 일찍 떠나도 괜찮다.
- 지치게 만드는 우정에 발 빼도 괜찮다.

- 베이비 샤워, 결혼식, 약혼 파티에 참석하지 않아도 괜찮다.

가능성을 상상해 보라. 상황이 어떻게 보여야 한다는 자신의 생각이나 바람이 아니라 진정성을 갖고 우정에 접근하면 응어리의 늪에서 벗어날 수 있다. 우정을 진정성 있고 용감하게 재정의한다면 어떤 일이 벌어질까? 우정이 지금과는 완전히 다르게 보일 것이다.

세상에서 내가 가장 좋아하는 친구 중에는 1년에 한 번 보는 이들도 있다. 하지만 우리가 이렇게 가끔 만난다고 해도 함께하는 그 시간이 내게 큰 힘이 된다. 나는 이들을 내 '전갈 친구'라고 부른다. 전갈은 자기 몸무게의 3분의 1이나 되는 음식을 한 번에 먹고는 음식 없이 1년을 버틴다. 나는 엄청 내성적이고 혼자 있는 시간을 지나치게 좋아한다. 전갈 친구들은 그런 나를 이해하고 신경 써준다.

우정에 관한 규칙을 자기에게 맞게 만들었다면, 이제는 역할을 고려해야 한다. 친구를 찾는 방법과 친구가 필요한 이유를 다룬 모든 연구는 어느 정도 유용한 면이 있다. 하지만 자신의 친구가 정확히 어떤 역할을 할 수 있는지 모른다면 결국 좌절을 맛보게 될 것이다.

할리우드 캐스팅 감독을 떠올려보라. 그 사람들은 먼저 역할을 고려하고 거기에 맞는 배우를 찾는다. 배우 로브 로Rob Lowe는 자신의 회고록 『러브 라이프Love Life』에서 이렇게 적었다. "내 기억에 앨프리드 히치콕Alfred Hitchcock이 영화를 성공적으로 만드는 데 있어서 90퍼센트가 캐스팅에 달려 있다고 말한 적이 있다. 인생에서도 마찬가지다."

"신뢰하지 않는데 어떻게 우정을 쌓을 수 있죠?"

우리는 핵심적인 사람들과 나누는 우정이 아니면 무가치하고 시간을 들일 필요가 없다고 배웠다. 하지만 만약에 우정이 모두 깊고 막역할 필요까지는 없다고 한다면 어떨까? 만약에 무척 아끼기는 하지만 신뢰하지는 않는 멋진 친구를 둘 수 있다고 한다면 어떨까?

잠시만요, 신뢰하지도 않는데 어떻게 우정을 쌓을 수 있어요? 친구와 관련해서 가장 중요한 게 신뢰 아니에요?

꼭 그렇지는 않다. 잘 들어보라.

나와 같이 하이킹하기를 좋아하는 친구가 한 명 있다. '멋진 일을 같이 할 만한' 재미있는 동성 친구다. 하지만 그 친구는 거짓말을 강박적으로 한다. 나도 잘 아는 사실이다. 그녀도 내가 안다는 걸 안다. 하지만 둘 다 신경 쓰지 않는다. 우리는 커피를 마시면서 길고 진지한 대화를 나누지는 않지만, 어딘가를 함께 오르고 웃으면서 즐겁게 지낸다. 그녀의 역할이 '하이킹 친구'이기 때문에, 나는 그녀가 내가 뒤처질 때 도와줄 거라고 굳게 믿는다. 우정이 제 역할을 하게 하려고 반드시 정서적인 신뢰를 가질 필요는 없다.

작가 존 오도너휴John O'Donohue는 『영혼의 동반자Anam Cara: A Book of Celtic Wisdom』에서 이렇게 썼다. "친구란 아직 밝혀지지 않은 우리 안의 가능성을 드러내기 위해 우리의 삶을 일깨우는 사랑받는 존재다."

내 하이킹 친구는 새로운 걸 해보라고 나를 부추긴다. 아직 밝혀지지 않은 내 안의 가능성을 일깨워준다. 그러나 그녀를 (믿을 만한 상담 친구 같은) 어울리지 않는 역할에 억지로 끼워 맞췄다가는 서로 큰 갈등을 겪게 될 것이다. 내가 그녀의 이야기에 부정확한 부분을 지적했더라면, 그녀가 방어적으로 나오면서 둘이 싸울 수밖에 없을 것이다.

하지만 내가 그녀가 어떤 사람인지 확실히 알고 그녀가 할 수 있는 역할을 받아들이기 때문에 우리의 우정에는 사랑, 깊이가 필요 없다. 우리가 친구에게 바라는 역할과 실제 친구의 모습이 충돌하면 우정은 원망으로 변질되기도 한다. 그러나 각자에 주어진 역할을 의식적으로 자각하면, 원망은 즐거움으로 바뀔 수 있다. 친구의 특정한 역할과 관련해서 신뢰의 실질적 의미를 정의하는 일은 중요하다. '나는 친구를 믿어야 해'라는 일반화된 관념은 중요하지 않다.

이상적인 세계에서라면 모든 친구는 신뢰할 수 있고, 안전하며, 혼신을 다하는 인생의 동반자일 것이다. 바로 그 이상적인 세계에서라면 우리 역시 매일 오르가즘을 느끼고, 여드름 없는 피부를 가지며, 세탁한 지 얼마 안 되는 침대에 오줌을 싸지 않는 개를 키울 것이다. 하지만 우리는 그런 세상에 살지 않는다.

우정에 관한 이상화되고 낭만화된 개념을 버리면, 선택권은 크게 확장된다. 이는 데이트에서도 마찬가지다. 10단계짜리 관계도 처음에는 1단계에서 시작한다. 자신이 친구 없는 외딴곳에 발이 묶여 있다면, '얄팍한(1단계)' 우정이라도 필요하다.

얄팍한 친구라니? 내 말을 계속 들어보라. 깊은 웅덩이에서만 좋은 무언가가 발견된다는 이야기를 우리는 대체 어디서 배운 걸까? 얄팍하다는 표현에 대한 사람들의 반응은 좋지 않다. 얄팍한 사람들은 흥미가 떨어진다고 여겨진다. 하지만 우리는 얄팍한 물에서 수영을 처음 배운다. 얄팍한 대화는 무의미하다고 여겨진다. 하지만 작은 물고기와 야생 동물이 얕은 곳에서 자라듯이 우정도 그렇다. 나는 내 담자들과 함께 빈칸 채우기 격자판을 사용해서 인간 관계를 의식적으로 도식화한다. 오른쪽의 그림과 설명을 보라. 우선 맨 위와 맨 아래 사람을 찾은 다음 안쪽을 채워보라.

- 친구들(양쪽 각각 2인): 건전치 못한 애착을 피하려면 삶의 여러 영역에서 다양한 친구가 필요하다. 한쪽은 직장 친구를 대변할 수 있고, 다른 한쪽은 자녀들의 학교에서 만난 부모 친구를 대변할 수도 있다. 이 관계들은 깊고 얄팍한 친구들이 섞인 상태일 수 있다. 우리는 깊이를 갈구할지 모르지만, 지금은 얄팍한 사람들만 만날 수 있다. 자신이 관계 기술을 연습하고 웅덩이의 얕은 곳에서 즐겁게 물장구를 칠 수 있도록 하라. 우정의 근육을 키울수록 더 깊은 관계를 갖는 능력은 커질 것이다.

- 멘토/스승(1~2인): 자신에게 기꺼이 조언해줄 수 있는 사람을 곁에 두면 번아웃과 친구로 인한 피로를 피하는 데 도움이 된다. 우리가 존중하는 특징을 가진 사람, 우리가 정말 하고 싶은 무언가를 실천한 사람, 혹은 우리를 고치려 들지 않고 우리를 위해 적당

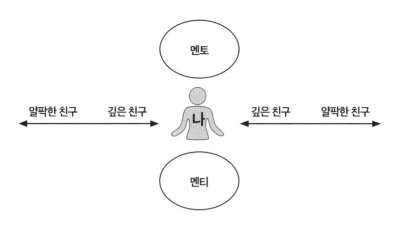

한 거리를 둘 수 있는 사람을 찾으라. 이런 관계에서 좋은 점이
있다면, 엄밀히 말해서 친구가 될 필요가 없다는 것이다.

- 멘티/후배(1~2인): 대학생, 10대 청소년, 어린이처럼 우리가 멘토
  나 스승이 되어줄 수 있는 누군가를 찾으라. 어디서부터 시작해
  야 할지 모르겠다면, 자녀를 둔 지인을 생각해보라. 같이 보내는
  시간의 많고 적음은 중요치 않다. 10대 조카와 1년에 한 번 함께
  하는 저녁 식사 데이트는 완전히 용인된다.

이 도표를 채울 때는 균형이 중요하다. 우리가 맨 윗부분(멘토)에서
너무 많은 짐을 진다면 영향력을 뺏긴 느낌을 받는다. 그리고 우리가
맨 아랫부분(멘티)에서 너무 많은 관계를 맺고 있다면 도움을 받지 못
한다는 느낌을 받을 수 있으며, 과장된 자아를 만들 가능성이 크다.
한쪽에만 또래들이 있다면 그쪽에 쉽게 의존하게 된다. 양쪽 모두에

또래들이 있거나 맨 위쪽이나 맨 아래쪽에 아무도 없다면, 가치 있는 성장 기회를 놓치게 된다. 여기서 나는 "하지만 사람들을 찾기가 너무 빡세요!" 하는 반발을 자주 듣는다. 이럴 때 나의 대답은? "혼자 불행해지는 건 사교 관계를 형성하는 것만큼 에너지가 듭니다." 우리는 관계를 맺을 때보다 불행함을 느낄 때 더 많은 에너지를 쓴다.

성인의 우정에 관한 여섯 가지 미신

미신1. 좋은 친구는 충고한다.

내가 만난 많은 내담자는 치료실에서는 충고를 받지 않을 것이기 때문에 치료를 받으려 했다고 털어놨다. 친구 사이에서 인생에 필요한 비법과 요령을 공유하는 일은 자연스럽지만, 충고하는 것보다는 거리를 두는 게 더 도움이 될 때가 있다.

거리를 둔다는 것은 상대를 고치려는 비판이나 노력을 배제하고 애정 어린 마음으로 상대의 말에 귀 기울이는 것을 뜻한다. 거리두기를 잘하는 사람은 사려 깊은 질문은 하지만 무엇이 최선인지 안다고 강요하지 않는다. 치료사에게 거리두기의 목적은 내담자들이 진실에 닿도록 돕는 데 있다. 우정도 마찬가지다.

미신2. 성인의 우정은 쉽고 자연스럽다.

우정을 포함한 모든 관계는 기술, 시간, 노력을 들여야 발전하고 만개할 수 있다.

미신3. 우리에게는 베스트 프렌드가 필요하다.

이 미신은 유아청소년기의 우정과 성인기의 우정의 차이를 다시 살피게 한다. 베프를 두는 일은 동경의 대상이지만, 누구에게나 가능한 일은 아니다. 사회적 관계에서 가능한 모든 이익을 얻기 위해 꼭 베스트 프렌드를 둘 필요는 없다. 에스더 페렐의 말을 다시 인용해보겠다. "오늘날 우리는 한 사람한테 기대서 한때 온 마을이 했던 것을 주려고 한다. 근거, 의미, 지속 등에 대한 감각… 그토록 많은 관계가 이 모든 것에 짓눌려 무너진다는 사실이 놀랍지 않은가?" 페렐은 로맨틱한 관계를 이야기하면서 이 인용구를 언급했지만, 그 정서는 우정에도 적용된다. 유일무이한 베프를 반드시 찾을 필요는 없다.

미신4. 많은 시간을 함께 해야 하고, 그렇지 못하면 나쁜 친구다.

이 미신 때문에 멋지고 만족스러운 관계가 이루어지지 못한다. 다음은 내가 '우리는 만회해야 한다'라고 부르는 무기력의 사이클인데, 이건 시간에 대한 미신 때문에 생기는 결과다.

1단계: 친구가 그리워서 연락할까 생각한다.

2단계: 연락하고 싶지만 연락한 지 얼마나 오래되었는지를 깨닫고, 이제는 기분이 좋지 않다.

3단계: 오랫동안 연락하지 못한 것을 만회하려면 적어도 한 시간은 통화해야 할 거라고 생각한다.

4단계: 1시간? 그렇게 한가한 사람이 어디 있어? 나도 한가하지 않다. 잊자. 결국 연락하지 않는다.

5단계: 부끄러워한다.

6단계: 이를 반복한다.

이 사이클은 불필요하거니와 고치기도 쉽다. 우정의 정의에 대해 자신과 친구의 입장이 확실한 이상, 만회를 위한 여유 시간을 갖지 못한다고 부끄러워할 필요는 없다. 내게는 릴리아라는 절친한 대학 친구가 있는데, 둘 다 엄청 바쁘게 생활하다 보니 수년간 만나지를 못했다. 오래전에는 그림 같은 캠퍼스 벤치에 앉아서 애인과 싸운 이야기를 주고받고 수업 이야기에 열중하며 한가한 시간을 보내곤 했었다. 그러나 지금은 '5분간 만회하기'이라는 걸 만들어서 장시간 대화에 대한 기대를 대체했다. 5분간 만회하기는 말 그대로 가끔 전화로 5분 동안 수다를 떨고 안부를 묻는게 전부다. 이러한 시도는 시간을 내야 한다는 압박을 없애고, 나쁜 친구인듯한 수치심을 없애며, 현실을 반영한 틀을 만든다. 이러한 조건 없이는 성인의 우정을 유지하기란 쉽지 않다.

미신5. 우리는 현실 세계에 친구를 두어야 한다. 소셜미디어는 무효다.

자기 인생, 자기 규칙대로. 자신이 소통하고, 관심받으며, 인정받고, 지지받는다고 느끼는 공간이 소셜미디어라면 온라인 친구를 외면할 이유가 없다. 사람은 대면과 온라인 모두를 통해 안전하고 소통하는 공간을 만들 수 있다. 3차원 공간에서 끌어안고 소통할 수 있는 것이 생리적으로 바람직하지만, 온라인 친구를 두는 일은 현실 세계의 친구를 두는 것만큼 유효하다. 내 경우에도, 가장 가깝게 지내는 친구 중에는 나와 물리적 공간을 공유한 적이 없는 사람이 있다.

미신6. 친구는 영원하다.

친구란 영원하진 않다. 충실하지 않게 보일까 봐 억지로 관계를 유지한다는 것은 자기를 속이는 짓이다. 사람과 장소에 흥미를 잃는 것은 자연스러운 반응이다. 때로 그 반응은 거절을 표현하거나, 우정으로부터 한 발짝 물러서는 것을 의미한다. 상대가 늘 그 자리에 있었다고 해서 그 사람을 자신의 인생 속에 계속 두어야 한다는 생각은 버리자.

우리가 관계의 무기력에서 벗어나고자 한다면 유아청소년기의 우정을 성인기의 우정과 구별하고, 우정의 역할을 재정의하며, 우정에 관한 미신을 무너뜨려야 한다.

그런 사랑은 없다

이번 장의 마지막 내용은 사랑 찾기에 초점을 맞춘다. 최근에 로맨틱한 관계에서 행복을 느꼈다면 이번 내용은 넘어가도 된다. 반면에 사랑하는 파트너를 찾고 있거나 파트너 때문에 힘겨워하고 있다면, 이번 논의에 함께하길 바란다.

시작 전에 특별히 주의해야 할 점이 있다. 우리가 여기서 논의하는 내용은 학대 관계에는 적용될 수 없다. 학대는 관계의 문제가 아니다. 학대는 소통의 문제가 아니다. 학대는 '아마도 내가 더 열심히 노력했다면'의 문제가 아니다. 학대는 학대 가해자의 문제다. 학대가 원인이라면 관계 치료는 거의 절대로 추천되지 않는다. 만약 최근의 관계에서 학대나 중독 관련 상황이 있었고 이에 따른 무기력에서 벗어나고자 한다면, 그 정보는 이번 장에서 확인할 수 없다.

정말이지 모든 로맨틱 코미디 작품에 주의 라벨을 붙여야 한다. 신화화된 사랑은 오래된 레퍼토리지만 해로운 관계 역학을 상징하기도 한다. 미녀와 야수, 에드워드와 벨라, 샌디와 대니, 잭과 로즈, 로미오와 줄리엣―우리가 가장 우상화하는 영화 속 커플들은 일정한 관계 속에서 금해야 할 행위에 대한 최고의 예시를 보여준다.

서로 사랑하면 뇌의 화학물질은 화산처럼 폭발한다. 아드레날린, 도파민, 세로토닌이 홍수를 이루어 논리적 감각을 마비시킨다. 그 결과는? 새로운 관계가 일으킨 무시무시한 급류에 올라타서 먹기, 자

황홀한 매력을 가진 영화 커플	해로운 관계 역학
벨과 야수(《미녀와 야수(Beauty and the Beast)》)	스톡홀름 신드롬(학대 가해자와의 유대), 사랑 중독, 정서적 학대, 신체적 학대, 격리, 강제, 나르시시즘
에드워드와 벨라(《트와일라잇(Twilight)》)	스토킹, 정서적 학대, 위협, 신체적 학대, 격리
샌디와 대니(《그리스(Grease)》)	정서적 학대, 파트너를 기쁘게 하기 위해 자신의 원래 모습을 바꾸기, 가스라이팅, 외도, 거짓말하기, 데이트 강간
잭과 로즈	애정 공세, 정서적 학대, 경계 문제, 이틀만 지속된 관계, 이상화, 집착
로미오와 줄리엣	정서적 학대, 경계 문제, 스토킹, 끔찍한 의사소통 기술, 5일만 지속된 관계

기, 친구 만나기 등의 일상적인 일들을 뒤로 제쳐두게 된다.

이러한 상태가 계속 이어지지는 않지만 연애가 가져오는 높은 호르몬 수치는 교제 과정에서 일반적인 (그리고 흥미로운) 현상이다. '커플 코카인'과 같은 뇌 화학물질이 다시 정비되어 지각과 판단이 제자리를 찾는 지점까지 수치를 낮추기까지는 대략 1년 정도 걸린다. 높은 호르몬 수치를 연장하려는 시도는 다량의 설탕을 정기적으로 섭취하는 것과 같다.

이렇게 되면 결국 아픈 느낌을 받기 시작한다. 데이트의 위험과 함정을 피하려면, 우리를 모두 무기력하게 만드는 해로운 동화 이야기에 대해 알아야 한다.

사랑과 관계에 대한 잘못된 미신

미신1. 사랑만 있으면 된다.

상대방을 깊이, 완전히 사랑하지만 관계의 진전이 지지부진한 경우가 있다. 영적인 감각에서 보면 사랑이 정말 모든 것을 정복할 것 같지만, 과학의 눈으로 보면 사랑의 힘은 유한하다. 사랑의 힘이 무한하다면 어머니의 사랑은 자녀를 늘 치유하고, 배우자의 사랑은 치매를 늘 치료하며, 친구의 사랑은 중독을 늘 이겨낼 것이다.

사랑이 행복을 평생 보장하지 않는다. 대신 우리의 한계를 이해하고 받아들이며, 건강하지 못한 상황에 거리를 두며, 현실에서 꾸준히 열과 성을 다할 때 일상의 행복을 지킬 수 있다. 예전에 나는 애인과 틀어지고 나서 젠이라는 좋은 친구와 함께 어둑하게 불이 밝혀진 거리에 앉아 있었던 적이 있다.

나는 최대한 빠르게 말보로를 줄담배로 피웠다. "하지만 난 그 사람을 사랑한다고!" 난 흐느꼈다. 그러자 그녀는 침착하게 말했다. "네가 그렇다는 거 나도 알아. 하지만 그런다고 그의 마음을 바꾸진 못할 거야."

미신2. 화난 상태로 잠들지 말라.

신경과학과 대놓고 충돌하는 이 충고는 역사가 아주 오래되었다.

수면이 부족한 상태에서 어떤 주제로든 이성적인 대화를 시도해본 적이 있는가? 어려운 일이다. 수면이 부족한 데다가 화까지 난 상태에서 이성적인 대화를 시도해본 적이 있는가? 난리가 난다. 시간을 끌면서 어떻게든 끝장을 내리고 하기보다는 시간을 갖고 거리를 두어 머리를 식히는 성숙하고 정중한 결정을 내리는 편이 사소한 다툼을 재앙으로 바꾸는 일을 막는 데 도움이 된다.

미신3. 일부일처제는 유일한 선택지다.

일부일처제는 하나의 선택지에 불과하다. 개방적인 교제 관계, 스와핑, 모노게미쉬[33], 폴리아모리[34] 등은 모두 실행 가능한 선택지다. 프랭클린 보Franklin Veaux[35]는 『모어 댄 투More Than Two』에서 이렇게 적었다. "폴리아모리는 올바른 파트너라면 우리를 변화로부터 안전하게 지킬 것이라는 동화적 가정을 뒤엎기 때문에 위협적으로 느껴질 수 있다. … 동화에서는 행복이 올바른 파트너와 함께 비로소 찾아온다고 말한다.

하지만 행복이란 우리가 매일 다시 만드는 대상이다. 그리고 우리를 둘러싼 무언가보다는 우리의 인생관에서 비롯하는 경우가 많다." 나는 일부일처제를 벗어나 진정한 필요와 욕구를 더 잘 반영하는 '그

---

33   manogamish. 일부일처제를 유지하면서 합의 하에 외도를 허락하는 관계 형태.

34   polyamory. 여러 상대와 동시에 교제할 수 있는 관계 형태.

35   미국의 성 전문 교육자 겸 작가.

들 나름의 삶의 방식'으로 전환한 내담자들에게서 엄청난 가능성을 확인한 적이 있다. 합의 하에 일부일처제를 따르지 않는다고 무조건 쾌락만을 쫓는 것은 아니다. 물론 비(非)일부일처제에서도 성숙한 의사소통 기술, 세심함, 배려 등이 필요하다.

미신4. 깨어 있는 동안 자기 사람과 시간을 보내야 한다.

모닥불을 피울 때 통나무들을 서로 너무 가까이 두면 불이 오래 가지 않는다. 공간과 산소가 있어야 불꽃이 타오른다. 관계에서도 마찬가지다. 너무 붙어 있으면 문제가 생겨서 관계가 압박 속에 무너질 것이다.

내가 새로운 관계를 만들 때 일주일에 한두 번만 만나도 충분하고도 남는다고 말하면, 나를 이상하다는 듯이 쳐다보는 친구들이 있었다. "뭐라고?! 안 충분해! 난 애인을 그보다는 자주 보고 싶다고!" 그 마음은 전적으로 이해하지만, 관계를 진전시키려면 여유가 필요하다.

중요한 누군가를 찾는 일이 평생 행복으로 가는 급행 티켓이라는 생각은 솔깃하게 들린다. 두 사람의 결합이 더없는 행복을 위한 유일한 마스터키를 쥐는 일이라면, 뉴스에서 최악의 이혼 통계를 볼 일이 없었을 것이다. 파트너를 찾는 일은 인생 자체의 사명이 아니라 충실한 삶에 주어지는 보너스다. 친구, 가족, 이해관계를 버리고 '커플만의 동굴' 속으로 파고든다는 게 솔깃할 수 있지만, 활발한 사회생활이 건강과 성장을 돕는다는 앞선 내용을 기억하라.

미신5. 우리를 완벽하게 만들어줄 누군가가 필요하다.

우리는 아주 어려서부터 자신을 완벽하게 만들어주고, 구해주고, 온전하게 만들어줄 누군가를 찾으라고 배운다. 특히 여성들은 백기사를 찾는 여자가 되라고 훈련받는다. 우리는 혼자서는 충분하지 않다고 믿도록 훈련받는다. 우리는 로맨틱한 관계의 파트너가 없으면 미친 여자처럼 변하고 말 것이라고 믿도록 훈련받는다.

하지만 아니다. 결핍된 마음가짐(자신에게 무언가가 부족하다는 믿음)으로 데이트에 접근하면 나쁜 관계로 끝날 가능성이 크다. '결핍된 데이트'는 나쁜 애착과 내가 투영적 유대projection bonding라고 부르는 해로운 역학으로 이어지기 때문이다.

투영적 유대란 자신이 갈구하지만 부족하다고 생각하는 부분을 다른 사람에게서 발견할 때 일어나는 현상이다. 자신에게 힘이 없다고 느끼면 힘이 있는 사람에게 끌릴 것이다. 창의력이 부족하다고 생각하면 예술가에게 끌릴 것이다.

그러나 우리는 필요한 모든 것을 이미 내면에 갖추고 있다. 모든 사람에게는 창의적인 능력이 있다. 모든 사람의 내면에는 천재성이 있다. 그러나 우리는 잃어버린 그림자 부분들을 결합하기 전까지(4장을 참고하라), 그 부분들을 다른 사람에게서 계속 찾으며, 투영을 매력으로 혼동한다.

투영적 유대는 우리를 안 좋은 관계 속에 가둔다. 그리고 그들을 떠나는 일이 곧 우리 자신을 떠나는 일이기 때문에, 투영적 유대는 떠난다는 생각에 대한 공포를 만든다. 우리는 다른 사람과 투영적 유대를 형성할 때 자신과 해로운 방식으로 타협하며 관계를 유지한다. 투영적 유대는 우리가 미(美), 재능, 영성, 리더십, 지능 등의 특성이 부족하다는 믿음으로부터 힘을 얻는다.

결론: 사랑과 우정에도 적당한 거리가 필요하다

친구 찾기의 3가지 D를 기억하는가? 여기서 몇 가지를 조금만 고치면 똑같은 원칙을 데이트 상황에 적용할 수 있다.

1. 영화 속 관계와 실제 관계를 구별하기Differentiating
2. 파트너에게 바라는 역할을 정의하기Defining
3. 우리를 무기력하게 만드는 동화 이야기를 해체하기Deconstructing

한 가지 더, 데이트에서는 '혼성 신호'가 없다는 점에 유의하라. 당신에게 관심이 높고 감정적으로 끌리는 사람은 밀고 당기기(밀당)를 하지 않는다. 관심도 없고 끌림도 없는 사람이라면 당신이 빨리 알아볼 수 있다. 하지만 관심은 있지만 당신에게 끌림을 느끼지 못하는 사람은 당신을 혼란스럽게 한다.

상대가 보내는 혼성 신호는 우리에게 넘어오라는 신호다. 우리가 데이트 세계에서 관계의 롤러코스터를 타게 될 대부분의 경우는 '관심은 있다+끌림은 없다' 상황이다. 이런 관계는 피하는 게 좋다.

3가지 D를 활용하면 로맨스를 둘러싼 모험은 훨씬 더 명확하고 뚜렷해진다. 영화 속 로맨스와 현실을 구별하고, 파트너에게 바라는 역할을 정의하며, 해로운 동화 속 미신을 무너뜨릴 때, 우리는 맞지 않는 조합을 걸러내는 데 드는 긴 시간을 아낄 수 있다.

우정과 데이트에 관한 문화적 미신을 받아들이는 일은 바이러스 감염을 치료하기 위해 표백제를 마시는 것과 같다. 그것은 통하지도 않고, 과학에 기반하지도 않으며, 우리의 건강에도 극도로 위험하다.

핵심 정리 ——

- 친구를 두지 않는 것은 흡연과 같은 영향을 건강에 끼친다.
- 베스트 프렌드를 반드시 둘 필요가 없다.
- 무조건적인 신뢰는 성인의 관계에서 현실적인 (혹은 필요한) 목표가 아니다.
- 친구에게 바라는 역할들을 고민하고, 거기에 맞춰 관계를 설정하라.
- 친구를 맞지 않는 역할에 가두려고 하지 말라.
- 소셜미디어 속 친구들도 친구다.
- 영화와 TV 속 커플들은 — 우리가 정말 좋아하는 커플이라도 — 현실에서 도움이 되지 않는다.
- 깨어 있는 모든 순간을 파트너와 보내야 한다는 생각을 버려라.
- 관계를 유지하려면 때로는 사랑만으로는 부족하다.
- 우리의 뇌가 '커플 코카인'과 같은 뇌 화학물질로부터 제자리를

찾아가기까지는 대략 1년이 걸린다.

행동 규칙 ——

해야 할 일	하지 말아야 할 일
연락처를 훑어보고 다시 연락할 수 있는 사람이 있는지 확인하기.	베프가 될 만한 사람찾기
자신이 실제로 원하는 친구상과 자신이 두어야 한다고 생각하는 친구상에 대해 솔직해지기.	피하고 싶었던 행사에 참석하여 좋아하지 않는 사람들과 시간을 보내며 자신을 저버리기.
로맨틱한 관계에서 자신이 가치를 두는 부분이 무엇인지 생각할 시간 갖기.	다른 누군가의 것처럼 보이는 관계를 맺어야 한다고 생각하기.
친구와 로맨틱 파트너와의 관계에 시간적 경계를 두도록 하기.	깨어 있는 모든 시간을 친구나 파트너와 보내도록 자신을 강제하기. 거리가 있어야 관계도 발전한다.

5분 도전 ——

1. 자신에게 다음 내용의 허가서를 쓰기.

"나는 친구 관계에서 _____(결혼식 참여 거절하기, 만나는 시간 최소화하기, 오랫동안 통화하지 않기 등)을(를) 해도 괜찮다."

2. "지금 당장 내 인생에서 친구들에게 가장 바라는 역할은 _____

_____(충고해주는 사람/상담 친구/무언가를 같이 하는 친구/경청자/음식을 가져와주는 사람/아이를 봐주는 사람 등)이다."

3. 175쪽의 우정 매트릭스를 노트에 옮겨 적고, 할 수 있는 데까지

채우라. 그리고 격자판에 빈 공간이 있거든, 적당한 사람을 찾을
수 있는 한두 가지 방법을 고려하여 그 공백을 채우라.

7장

가족이라는 트라우마

두 사람 이상으로 구성된 가족은 무조건
역기능 가정이다.

메리 카Mary Karr[36]

가장 건강하고, 가장 행복하며, 가장 손발이 잘 맞는 역대 최고의 허구 속 가족을 뽑으라면 아담스 패밀리를 들 수 있다. 영화《아담스 패밀리The Addams Family》는 처음 보면 완전한 암울함과 고통, 광기로 가득한 쇼처럼 보이지만, 자세히 들여다보면 다른 이야기가 숨겨져 있다. 확인해 보자.

- 모티샤와 고메즈는 건강한 결혼 생활을 열정적인 성생활과 함께 즐긴다.

36　미국의 시인 겸 수필가(1955~).

- 가족 모두 독특한 자기표현에 높은 가치를 둔다.
- 모티샤와 고메즈는 각자 자신만의 관심거리, 취미, 사회적지지 대상을 갖고 있다.
- 외부인들은 가족으로부터 환영받는다.
- 소리를 지르거나, 때리거나, 학대하는 일은 절대 없다… 동의 없이는.
- 한 지붕 아래에서 여러 세대의 가족이 조화롭게 지낸다.

아담스 가족의 취미는 집에서 해보기엔 안전하지 않다. 전기의자를 갖고 놀고 청산가리를 마시면 우리는 죽을 테니까. 하지만 아담스 가족의 관계 역학은 '건강한 가족의 모습이란 바로 이런 것'이라고 할 정도 모범적이다. 이들보다 멀쩡해 보이는 현실 속의 가족은 실제로 어떤 모습일까? 자기도취에 빠진 엄마, 부재중인 아빠, 성적 학대를 가하는 친척, 가정 폭력, 약물 중독 등, 나는 해로운 가족이 낳는 폐해를 상담실에서 매번 목격한다. 나 역시 역기능 가정dysfunctional family에서 자란 사람으로서 오랫동안 서점에서 '내 가족은 미쳤어' 코너에 진을 쳤다.

하지만 아동청소년기의 학대 생존자가 아니라면? 자신의 가족이 전체적으로 별 탈 없이 지냈다면, 가족에 대해 불만을 가져서는 안될까? 당신은 학대를 공공연하게 일삼지 않는 가족을 두었을지 모른다. 당신 가족은 음식과 전기세 걱정을 하지 않았을지 모른다. 그럼에도 가족을 생각하면 여전히 마음이 아플 수 있다. 때로는 신랄한 표현이

나 생각 없는 행동에 화가 나거나, 가슴이 아프거나, 슬프다. 남들이 보기에 '건강하다'는 가족을 두었다면 자신의 아픔을 숨겼을 수 있고, 이를 조금이라도 느끼는 데 죄책감을 느꼈을 수 있다. 부끄러워하면서 이렇게 생각할지 모른다. 내 가족은 아주 잘 지내. 그런데 내 기분은 왜 이렇게 나쁘지? 역기능 가정을 둔 것도 아닌데, 나는 뭐가 문제일까?

사람은 누구나 어느 정도 역기능 가정을 갖고 있다. '역기능 가정'은 범주가 아니라 연속체다. 모든 가족은 고장의 연속체 중 어딘가에 있다. 우리가 난자와 정자의 충돌로 태어난 생산물이라면, 가족으로부터 감정의 상처를 분명 받을 것이다. 왜냐고? 모든 가족은 사람으로 구성되어 있고, 사람은 완전하지 않기 때문이다. 데이비드 W. 얼David W. Earle[37]은 『사랑으로는 충분하지 않아Love Is Not Enough』에서 이렇게 썼다. "상처 입은 부모는 어린 자녀에게 보통 고통과 괴로움을 무심코 전하고, 이렇게 어릴 때 생긴 상처는 여러 가지 부적응 행동을 야기한다." 무심코 생긴 고통은 지속적으로 고통을 준다.

---

37   미국의 비즈니스 코치이자 작가, 그리고 정신건강 상담사.

'보통' 가족도 트라우마를 일으킨다

12단계 프로그램 참가자들은 "보통이란 건 세탁기 세팅 메뉴일 뿐"이라고 배운다. 보통의 가족이란 건 세상 어디에도 없다. 그러나 이번 장의 목표를 위해 우리는 학대나 불안전한 환경 조건 같은 심각한 기능 장애가 없는 가족을 표현하는 데 '보통'이라는 단어를 쓸 것이다. 현장에서 나는 소위 말하는 보통의 가족에서 성장한 사람들로부터 이런 이야기를 듣곤 한다.

> "다른 사람들은 훨씬 더 안 좋았어요."
> "저는 학대 받은 것도 아니죠."
> "제가 화를 내는 건 어리석은 짓이에요. 어렸을 때는 잘 지냈거든요."
> "엄마한테 조종당하는 기분이 정말 별로예요. 그분이야 저를 키우느라 고생하셨겠지만요."
> "아빠의 뜻은 좋아요. 그래도 저는 정말 아빠 말에 신경 안 써도 돼요."

균형은 도움이 되지만, 비교는 도움이 안 된다. 가족 때문에 화가 나고, 가슴 아프고, 슬프다고 해서 이상한 게 아니다. 모든 가족은 구성원의 감정에 상처를 준다. 3장에서 트라우마를 뇌의 소화불량이라고 했다. 다른 정의도 있는데 이 정의는 애리조나주의 거주형 요양시설이자 트라우마·중독·정신건강을 전문적으로 다루는 메도스 오브 위켄버그Meadows of Wickenburg에서 유래했다. 메도스에서는 트라우마를 "양육에 못 미치는 어떤 것"이라고 정의한다. 양육에 못 미치는 어떤 것이 트라우마를 야기할 수 있다면, 우리는 모두 (어느 정도로) 트라우마를 경험하고 (어느 정도로) 그것을 야기한다. 부모들은 내게 "제가 아이들에게 상처를 줄까 봐 무서워요"라고 종종 말한다. 이때 나는 이렇게 말한다. "당신이 아이들에게 상처를 줄지 '몰라서' 두려워할 필요는 없어요. 당신은 100퍼센트 아이에게 상처를 줄 테니까요."

우리는 100퍼센트 인간이기 때문에 100퍼센트 아이들에게 상처를 주게 된다. 하지만 실수하고 일을 그르친다고 자책할 필요는 없다. 무의식적인 실수로 일어난 상처 주는 행동은 아이들의 인생을 망치지 않는다. 그러나 일부러 가해진 상처, 자신이 엉망일 때 그러한 상황을 수습하려 하지 않는 부모, 부모의 통제를 벗어난 환경적 요소는 아이들을 망칠 수 있다.

다섯 아이의 어머니이자 여성 힐링 단체 NUSHU의 창립자인 나의 친구 버네사 코넬Vanessa Cornell은 이렇게 말한다. "저는 완벽하지 않은 부모의 완벽하지 않은 자녀라는 사실이 자랑스러워요. 완벽하지 않은 아이들의 완벽하지 않은 엄마인 것도 마찬가지이고요." 자녀들은 완벽한 부모를 필요로 하지 않는다. 아니, 자신에게 불완전한 인간이 되는 방법을 가르쳐줄 인간적인 부모가 필요하다.

미치 앨봄Mitch Albom[38]은 『천국에서 만난 다섯 사람The Five People You

---

38   미국 출신의 작가 겸 스포츠 저널리스트(1958~).

Meet in Heaven』에서 이렇게 적었다. "모든 부모는 자녀에게 상처를 준다. 어떻게 할 수 없는 부분이다. 성장기는 새 유리잔 같아서 다루는 사람의 흔적이 남는다. 어떤 부모들은 자국을 남기고, 또 어떤 사람들은 깨뜨리며, 일부는 어린 시절을 뾰족하고 작은 조각들로 완전히 산산조각 낸다." 양육의 초점을 완벽에 맞춰서는 안 된다. 건강한 부모는 실수를 두려워하지 않는다. 다만 실수를 인정하고 고치려고 최선을 다한다.

가족을 이번 장의 목적에 맞게 정의하자면, 우리가 출생 후 16세까지 대부분의 시간을 함께 보내는 사람들을 가족이라고 하겠다. 부모, 대가족, 보모, 이웃, 그리고 우리를 돌보는 책임을 진 집안사람은 누구든 가족에 포함한다.

이번 장의 목적이 부모에 대한 공격 혹은 자신의 양육에 대한 비판이 아님을 명심하라. 학대와 무관한 가족이라면 대부분 좋고 나쁨의 범주로 명확하게 나뉘지 않는다. 대신에 여기서는 정서적으로 능숙하다, 정서적으로 서툴다라는 표현을 쓸 것이다.

지금부터 논의할 내용은 당신더러 누구를 탓하라고 있는 게 아니다. 형제와 연락을 끊거나 어머니와 대립할 필요는 없다. 또는 당신은 "그렇게 나쁘진 않았어… 다른 사람들은 훨씬 더 안 좋잖아"라며 소소한 감정의 상처를 재빨리 평가절하할지도 모른다. 하지만 시간이 지나면서 그렇게 소소한 감정의 상처도 자존감과 행복에 영향을 미칠 수 있다. 우리는 컴퓨터를 실눈 뜨고 하면서 글쎄, 눈에 더 심각한 문제를 가진 사람들도 있으니 내가 검사를 받을 필요는 없지, 하고 생각하지 않는다. 우리에겐 감정의 고통을 느끼고 치유할 권리가 있다. 멋진 가족을 두었다고 해도 말이다.

애착과 양육에 관한 아주 간단한 개괄

자신의 가족이 이제부터 살펴 볼 이상적이지 못한 범주 중 하나에 해당한다고 해도 당황하지 말라. 부모를 불러서 '당신의 양육법이 저를 망쳐서 저한테 친밀감 문제가 있는 거라고요!'라고 소리 지를 필요는 없다. 마야 앤절루는 이렇게 썼다. "당시 나는 아는 만큼 실천에 옮겼다. 지금 나는 더 잘 알기 때문에 더 잘 실천할 수 있다." 가족 구성원들이 가진 기술의 차이를 확인하면 더 나은 행동을 하고 무기력에서도 벗어날 수 있다. 데이비드 W. 얼은 이렇게 첨언한다. "역기능 가정에서 나타나는 나쁜 관습은 사랑이 부족해서가 아니라 두려움 때문에 생긴다. 사랑을 가로막는 관습과 역기능 가정의 문제적 행동을 아는 것은 두려움을 줄이는 멋진 시작점이 되어 우리가 현실적인 태도를 보이도록 하고, 우리가 모두 더 잘 사랑하는 법을 배울 수 있도록 한다."

다음 페이지의 이에 관한 아주 간단한 개괄과 허구 속 가족의 예시를 담고 있다. 1950년대 존 볼비John Bowlby · 메리 에인스워스Mary Ainsworth 박사는 애착의 주요 유형을 네 가지로 정리했고, 1960년대 다이애나 바움린드Diana Baumrind 박사는 주요 양육 방식을 네 가지로 표현했다.

애착의 네 가지 유형

애착 유형	정의	허구 속 예시
안정 애착	안정 애착을 가진 아이는 자신이 사랑받고, 보호받으며, 안전하다고 믿는다. 기꺼이 혼자 놀고 탐구하며, 기꺼이 다른 사람들과 소통하기도 한다.	《아담스 패밀리》의 웬스데이와 퍽슬리. 두 사람은 함께 혹은 혼자 놀고, 가족의 다른 어른들과 어울려 지내며, 호기심과 열린 마음을 갖고 자신의 관심사를 좇는다.
회피 애착	회피 애착을 가진 아이는 다른 사람을 경계한다. 사람을 믿지 않고 혼자 놀기를 더 좋아하며 때로는 '독립적'이라는 오해를 산다.	《비틀주스(Beetlejuice)》의 리디아 디츠. 그녀는 혼자 있기를 좋아하고, 가족과 소통하려 하지 않으며, 죽은 자들을 더 좋아한다. 이렇게 말하기도 한다. "내 인생 전체는 어두운 방이야. 하나의 크고 어두운 방."
양가 애착	이 아이들은 불안하고, 불안정하며, 다른 사람한테 자주 의지한다. 주목/애정에 대한 요구와 주목/애정에 대한 거부 사이에서 갈등한다.	《나 홀로 집에(Home Alone)》의 케빈 매컬리스터. 그는 자기 가족이 싫다고 우기면서 그들이 사라지길 바라지만, 분명 자기 가족을 신경 쓰는 것은 물론 그들로부터 사랑받고 인정받기를 바란다.
혼란 애착	이 아이들은 극단적인 감정 폭발, 완벽한 감정 마비, 그리고 그사이의 모든 요소를 드러낸다.	《스타워즈(Star Wars)》의 애너킨 스카이워커. 그는 착한 처음에 착한 아이였지만 아버지의 부재와 어머니의 살해를 겪고 나서 강한 애착 트라우마를 갖게 되었다. 애너킨이 아내와, 그리고 멘토와 가진 관계는 요동쳤다. 그는 결국 어두운 쪽으로 발을 들여 다스 베이더가 되었다

양육의 네 가지 방식

양육 방식	정의	허구 속 예시
독재적	이 부모들은 복종과 존경을 요구한다. 엄격한 규칙을 세우고 엄중한 결과를 규정한다. 그들의 규율은 문제 해결보다는 처벌을 선호하는 스타일이다.	《애니(Annie)》의 미스 해니건. 그녀는 고아원의 소녀들에게 정서적·신체적 학대를 고루 가하곤 한다.
권위적	이 부모들은 제한사항을 두고 결과를 강조하지만, 동정심을 갖고 타당성을 따지면서 행동한다. 그들은 아이들의 노력에 가치를 둔다. 권위적인 부모는 규칙을 강조할 때 침착한 자세를 유지하고, 화가 났다고 벌을 주지는 않는다.	《인크레더블(The Incredibles)》에서 헬렌 파, 미세스 인크레더블이라고 불리는 엘라스티걸. 그녀는 자녀들과 소통하고, 제한사항과 규칙을 내세우지만 위협적이지는 않다. 그녀는 현재 상황에 대한 이유를 설명하고, 아이들을 따뜻하게 대하면서 관심을 보인다. 그녀는 자신의 잘못을 인정하는데, 딸 바이올렛에게는 이렇게 말하기도 한다. "그건 네 잘못이 아니야. 갑자기 너한테 너무 많은 걸 질문한 내가 정당하지 못했어."
허용적	이 부모들은 존재하지만 관여하지는 않는다. 일관된 규칙과 원하는 결과가 없다. 소설 『비밀의 정원(The Secret Garden)』에는 이러한 내용이 나온다. "자식한테 생길 수 있는 두 가지 최악의 경우는 자기만의 방식을 절대 못 갖는 것, 아니면 늘 갖는 것이다."	《초콜릿 천국(Willy Wonka & the Chocolate Factory)》의 베루카 솔트. 더 이상의 설명은 필요 없다.
무관심	이 부모들은 자녀를 무시하거나 방치하는 경향이 있다. 무관심한 부모들은 늘 악의적이진 않지만, 자녀들의 생활에 관여하지 않고 관심도 없다.	원작 영화 《메리 포핀스(Mary Poppins)》에 나오는 어머니 위니프레드 뱅크가 무관심한 부모의 좋은 예다. 뱅크스 부인은 친절과 사랑을 베풀지만 자녀들에 대한 관심 부족을 여실히 드러내고, 유모들한테 아이들을 떠넘기기에 바쁘다.

앞에 표를 읽고 멍해지기 시작한다면, 오른쪽의 그림을 보고 이해할 수 있을 것이다.

정서적으로 숙련된 가정에서 아이들은 일반적으로 '안정 애착'을 보이고, 부모들은 '권위적 양육 방식'을 활용한다. 건강한 가족 체계를 구성하는 요소들은 머리글자를 딴 SKILLED를 염두에 두면 기억하기 쉽다.

건강한 가족은 SKILLED(능숙)하다.

- 해결책을 찾는다Seek.
- 직접적인 소통을 유지한다Keep.
- 열린 대화로 이끈다Invite.
- 서로의 이야기를 듣는다Listen.
- 서로 배운다Learn.
- 서로 공감한다Empathize.
- 동의하지 않더라도 정중한 자세를 유지한다Disagree.

SKILLED의 모든 요소를 갖춘 가정도 여전히 상처를 야기한다. 해하려는 의도가 없어도, 일부 가족 구성원들은 (특히 자기 방식이 굳어진 나이 든 부모들은) 자신의 기술을 업그레이드할 필요가 있다는 생각을 비웃는다. 존 브래드쇼John Bradshaw[39]는 『가족Bradshaw On: The Family』에서 이렇게 밝힌다. "부인否認만큼 역기능 가정을 가장 정확히 특징짓

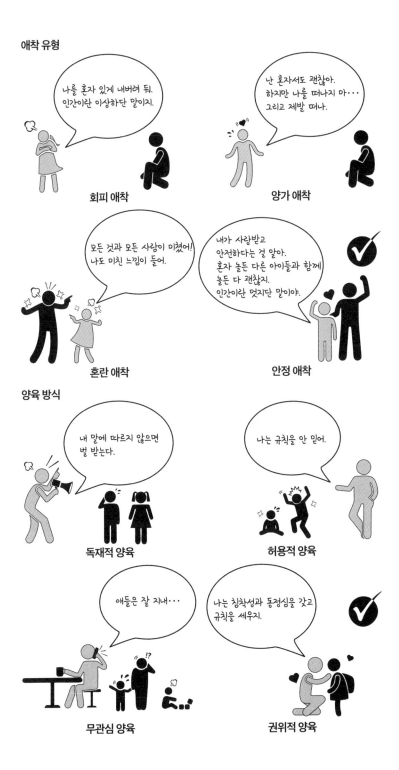

는 것은 없다. 부인은 구성원들이 사실관계를 떠나서 미신과 치명적인 거짓을 계속 믿게 하거나, 똑같은 행동이 다른 결과로 이어지리라고 계속 기대하게 만든다."

부인을 떨쳐낼 준비가 됐다면, 다음은 서툰 가족의 10가지 역학을 살펴볼 순서다. 나는 보통 수준의 역기능을 보이는 가족을 표현하기 위해 서툴다는 표현을 쓴다. 어렸을 때 신체적, 정서적, 성적 위해를 경험한 적이 있다면, 그것은 서툰 역학이 아니고 학대다.

정서적으로 서툰 가족의 10가지 징후

1. 악의 없는 가스라이팅

가스라이팅은 누군가가 우리에게 우리의 현실 인식을 의심하게 만드는 상황을 가리킨다. 이 용어는 1944년 알프레드 히치콕의 심리 스릴러 영화 《가스등Gaslight》에서 유래했다. 영화에서 배우 잉그리드 버그먼Ingrid Bergaman의 캐릭터는 빛이 깜박이는 것을 보고 이상한 소음을 듣는다. 그녀가 자신이 인식한 바를 남편에게 확인해 달라고 요청하자, 남편은 그녀가 미쳐가고 있고 모두 머릿속에서 일어나는 일이라고 말해준다. 하지만 그녀는 미치지 않았다. 그녀의 돈을 탐낸 남편이 그녀를 보호시설에 가두려고 일부러 환경을 조작한 것이다. 가스라이팅은 보통 자기도취와 심각한 학대를 동반하지만, 건강한 가정의 건강한 사람도 악의 없는 가스라이팅에 발을 들일 수 있다.

악의 없는 가스라이팅의 예로는 어떤 것이 있을까? 직장에서 스트레스받고, 위축되고, 좌절한 상태로 집으로 돌아온 엄마를 상상해 보자. 그녀의 어린 딸이 묻는다. "엄마, 무슨 일 있어요?" 엄마는 답한다. "아무것도 아니야, 우리 딸. 다 괜찮아. 엄마도 괜찮아." 이 부모는 의도가 악의적이지 않지만 가스라이팅을 하고 있다. 이게 어떻게 가스라이팅이냐고? 아이는 엄마가 괴로워하고 있다는 신호를 정확히 포착한다. 엄마가 안 '괜찮다'는 것을 본능적으로 안다. 하지만 엄마가 모두 괜찮다고 말할 때, 딸은 자신의 인식에 대한 의심을 갖게 된다.

이 상황에 더 숙련되게 대처하는 방법은 이렇게 말하는 것이다. "엄마가 속상해 보이니. 맞아. 엄마 속상해. 하지만 네가 걱정할 필요는 없어. 엄마는 괜찮아질 거야. 너한테 속상한 건 없고, 네가 해야 할 일도 없어." 가스라이팅은 시간이 지나면서 심각한 상처를 남긴다.

장기간 이어지는 가스라이팅은 — 악의 없더라도 — 폭력적인 가스라이팅에서 살아남은 이들이 경험한 결과와 똑같은 결과를 낳을 수 있다. 어릴 때 수시로 가스라이팅을 당하면 성인이 되어서 우유부단한 성격을 갖고, 자신감이 떨어지며, 불안정한 자의식을 가질 수 있다.

가스라이팅에 대처하는 법: 가스라이팅에서 '대립'은 보통 추천되지 않는다. 가스라이팅을 하는 사람이 우리의 감정을 빠르게 부정하거나, 얕보거나, 틀렸다고 할지도 모르기 때문이다. 대신에 정서적으로 숙련된 친구(혹은 치료사)에게 부탁해서 피드백을 요청하라. 이것을 현실검증이라고 한다. 악의 없는 가스라이팅을 하는 가정은 큰 불안감을 안고 있는 경향이 있다. 이게 바로 당신이라면, 1장의 불안 관리법을 확인하라.

2. 부모화

자신을 돌볼 수 있는 능력을 가진 부모를 보살피는 일이 아이들에게 맡겨져서는 안 된다. 부모화에 따라 아이들은 양육에 관한 일거리 그리고/혹은 부모의 감정에 대한 관리를 책임진다. 부모를 화나게 하거나 속상하게 할까 봐 두려워한 적이 있다면, 부모화를 경험한 것이다.

킴벌리 로스Kimberlee Roth[40]는 이렇게 썼다. "부모화된 아이들은 일찍부터 자신과 다른 사람들을 책임지는 법을 배운다. 남들의 관심을

부모화

끌지 않게 행동하고 다른 사람이 주목을 받도록 한다. … 그들은 보호받고 관심받기 어려워할지도 모른다." 건강한 부모는 자신의 욕구를 조절하고, 자녀들에게 보호를 바라거나 친밀감을 요구하지 않는다. 대니얼 고틀립Daniel Gottlieb[41]은 『가족의 목소리Voices in the Family』에서 이렇게 썼다. "우리가 부모로서 가진 불안감 때문에 자녀들에게 의지한다면, 그것은 그들(자녀들)에게 무례하고, 인생에서 여러 일과 맞닥뜨리는 그들의 몸부림에 무례한 일이다. 그들이 주고자 하는, 혹은 줄 수 있는 친밀감보다 더 큰 친밀감을 원한다면, 그것 역시 무례하다."

---

40   미국의 건강 전문 작가 겸 저널리스트.

41   미국의 정신의학 전문의(1946~).

부모화에 대처하는 법: 자신의 선택이 부모의 심기를 건드릴까 봐 두렵다면, 부모의 감정을 다스리는 책임은 부모 본인에게 있다는 사실을 기억하라. 가족이 우리에게 죄책감을 심으려고 하면 '유감이지만 참석 불가합니다'라는 메시지로 대답하라. 이게 말처럼 쉬운 일은 아니다. 5장의 경계 관련 스크립트를 참고하면 대립이 필요할 때 도움이 될 것이다.

3. 유아화

유아화

부모화의 반대는 유아화다. 부모가 자신이 필요하다는 느낌을 받으려고 자녀를 계속 어리게 대하고 자신한테 기대게 만들려고 하는 태도이다. 유아화는 나이에 상관없이 일어날 수 있는데, 특히 연말 연휴에 뚜렷이 드러난다. 소설가 V. C. 앤드루스V. C. Andrews는 이렇게 썼다. "확실한 건 아니지만, 우리가 어른이 되었는데 어떠한 이상한 이유로 부모님 집으로 돌아와 살게 되었을 때, 우리는 작아져서 다시 아이가 되고 부모에게 의존하게 된다."

유아화에 대처하는 법: 자신이 다 컸고 뭐든 할 수 있는 어른임을 기억하라. 자신이 다 크고 뭐든 할 수 있는 어른이라는 느낌이 들지 않는 사람이 있을 텐데, 이와 관련하여 9장을 참고하라.

4. 삼각화

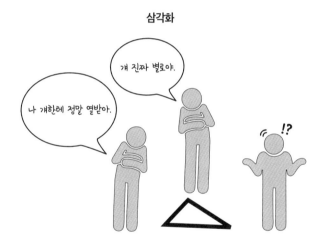

삼각화

삼각화는 두 사람이 제3자가 없는 상황에서 그 사람을 이야기하는 상황을 가리킨다. 이러한 행위는 우리의 행복감에 깊은 상처를 남길 수 있다. 마셜 로젠버그는 『비폭력 대화』에서 이렇게 적었다. "우리는 자신의 말하는 방식이 '폭력적'이라고 생각하지 않을 수도 있지만, 말은 다른 사람이나 자신에게 상처와 고통을 남기곤 한다."

삼각화에 대처하는 법: 직접적인 소통 라인을 만들라. 삼각화 역학에 끼어들기를 거부하고 삼각화를 멈출 것을 가족에게 요청하라.

요청할 때 주의할 점이 있는데, 요청이란, 다른 누군가가 해주길 원하는 것을 그 사람이 해주는 것임을 기억하라. 우리는 요구할 수도 있고, 애걸할 수도 있고, 소리를 지르고 입술을 뾰로통하게 내밀며 발을 구를 수도 있다. 하지만 다른 누군가의 선택을 통제할 수는 없다. 우리가 할 수 있는 것은 경계 설정이다. 경계 설정은 5장을 참고하라.

5. 완벽주의

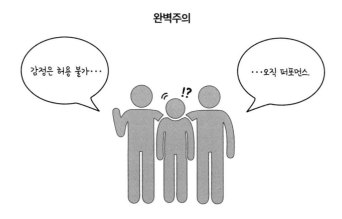

완벽주의

탁월함을 이루려고 노력하면 기쁨이 찾아온다. 하지만 완벽함을 이루려고 노력하면 수치심이 찾아온다. 탁월함을 좇는 일은 실현 가능한 목표다. 하지만 완벽함을 좇는 일은 불가능한 꿈이다. 완벽주의는 미덕이 아니다. 정서적 자해의 한 형태다. 엘리자베스 길버트 Elizabeth Gilbert[42]는 "완벽주의란 멋진 신발과 밍크코트에 대한 두려움일 뿐이다"라고 표현한다. 완벽주의는 다이아몬드로 치장한 자기혐오일 수 있다.

완벽주의에 대처하는 법: 완벽주의를 추구하는 가정에서 자랐다면, 무기력에서 벗어나기 위하여 자신만의 가치를 만들 필요가 있다. 브레네 브라운은 공감이 수치심의 해결책이라고 가르친다. 마찬가지로 진정성은 완벽에 대한 해결책이다. 자신이 보기 좋게 엉망이고, 엉성하며, 불완전한 자기가 될 수 있는 사람을 찾으라. 그 사람이 당신의 사람이다.

6. 생산주의

선도적 사상가, 과학자, 심리학자 들은 모두 놀이가 건강한 유아청소년기 발달에 필수적인 요소라는데 동의한다. 심리학자 장 피아제 Jean Piaget는 이렇게 말했다. "창의적이길 바란다면, 어린이를 특징짓

---

42   미국의 소설가(1969~). 『먹고 기도하고 사랑하라』, 『모든 것의 이름으로』 등으로 유명하다.

생산주의

는 창의성과 독창성을 성인 사회에서 변형되기 전에 갖추고 어느 정도 아이로 머무르라." 케이 레드필드 재미슨Kay Redfield Jamison[43]은 이렇게 썼다. "어린이에게는 놀 자유와 시간이 필요하다. 놀이는 사치가 아니다. 놀이는 필수품이다."

학습, 유대, 창의성 제고, 스트레스 경감, 뇌 발달, 사회적 기술 향상, 감정 처리, 언어 기술 연마 등 여러 방면에서 놀이가 중요하다는 사실을 수많은 과학적 연구가 증명한다. 하지만 정서적으로 서툰 가정에서는 놀이를 시시한 시간 낭비로 본다. 이러한 가족들은 흔히 생산주의에 시달린다. 완벽주의가 완벽하고자 하는 강박적 욕구라면,

---

[43] 미국의 임상 심리학자(1946~). 실제로 자신이 앓은 양극성 장애를 중심으로 연구 활동을 했다.

생산주의는 생산하고자 하는 강박적 욕구다. 생산주의를 지향하는 가정은 재미보다 생산성을 우선시하기 때문에 놀고, 노래하고, 춤추고, 창작하기를 버거워한다.

생산주의에 대처하는 법: 가정에서 놀이의 가치가 인정받지 못한다면, 자발성이나 창의성을 기르는 데 애를 먹을 수 있고, 혹은 성인이 되어서 성적 쾌락을 경험하기 힘들 수 있다. 생산주의로부터 벗어나는 데 도움이 되는, 내가 여태껏 경험한 가장 유용한 수단을 담은 책으로 줄리아 캐머런Julia Cameron[44]의 고전 『아티스트 웨이The Artist's Way』를 읽어보길 권한다.

7. 모호한 경계선

모호한 경계선

---

[44]　미국의 예술가(1948~). 이외에도 소설가, 시인, 영화감독 등 다방면으로 활동했다.

모호한 경계선이라는 표현은 신체의 경계가 학습되지 않거나 존중받지 못한 역학 상태를 말한다. 신체 경계가 강한 어린이는 자신의 신체가 자기 것임을 안다. 하지만 신체 경계가 모호한 어린이는 부적절한 언급과 원치 않는 신체 접촉을 불평 없이 받아들이라고 배운다. 10대 딸을 보고는 "할머니한테 친절하게 대하고 포옹해드려." 하는 말이 좋은 예가 될 수 있겠다. 이러한 역학은 문제가 있다. 상대의 의사와 상관없이 포옹을 (자신이 원하지 않아도) 하거나 받으라는 말은 '너의 몸이 너의 것이 아니라'는 메시지를 보내기 때문이다.

이런 이야기를 한 적이 있다고 해서 부끄러워할 필요는 없다. 부모들은 대부분 진심으로 자녀들에게 옳은 일을 하기를 바라고, 우리는 더 많은 정보를 갖고 있을 때만 다른 선택을 할 수 있으니까. 모호한 경계선의 다른 예로는 다음과 같은 상황들이 있다.

- 부모의 등이나 발을 마사지할 것을 강요받는 상황
- 화장실에 잠금장치나 프라이버시가 없는 상황
- 포옹할 것을 강요받는 상황
- 동의 없이 간지럼 받는 상황

모호한 경계선의 역학은 연속체처럼 발생한다. 경계 내에서 가끔 실수가 일어나는 가정은 연속체의 하단부에 위치한다. 하지만 연속체의 상단부에는 임상 의학계에서 정서적 근친상간emotional incest라고 일컬어지는 역학이 발생한다. 1980년대에 케네스 애덤스Kenneth

Adams 박사가 고안한 이 용어는 불편하게 들리지만, 그러한 역학은 충분히 자주 일어나며 극단적인 언어로 표현될 만큼 위험하다. 작가 로버트 버니Robert Burney[45]는 이렇게 썼다. "가정에서 일어나는 가장 흔하고 아주 충격적이며 해로운 역학 중 하나는 … 정서적 근친상간이다. 우리 사회에서 걷잡을 수 없이 퍼지고 있지만 관련된 저술이나 논의는 여전히 극소수다." 정서적 근친상간은 폭력적이거나 성적인 면이 공공연히 드러나지 않는 경우가 많다.

모호한 경계선의 영향은 어마어마할 수 있는데, 보통은 잘못된 게 아무것도 없는 것처럼 보이기 때문에 더욱 그렇다. 어릴 때 모호한 경계선의 극단을 경험한 아이들은 성인이 되어서도 신체적 성적 학대를 경험한 어린이와 똑같은 증상을 보이곤 한다.

모호한 경계선에 대처하는 법: 패턴을 바꾸는 첫 단계는 그 존재를 인식하는 일이다. 부모와 보호자와 갖는 관계를 고려하고, 애매한 상호 작용은 없었는지 자문해보라. '아빠 노릇을 한 아빠일 뿐'이라고 치부하지 말고, 모호한 경계선이 — 그러한 역학이 자신의 가정에서는 '보통' 일일지라도 — 정말 실질적인 문제가 될 수 있음을 명심하라. 아이가 모호한 경계선을 경험하고 얻는 가장 흔한 결과 중 하나는 어른이 되어서 음식이나 약물과 강박적인 관계를 맺는 것이다. 이것이 자

---

45   미국의 작가 겸 상담사. 상호의존성 회복과 내면 아이 치유에 관한 권위자다.

신의 경우라면 8장을 보라.

8. 통제하기

통제하기

통제식 부모는 위협, 죄책감, 감정 폭발을 이용하여 관계, 금전, 허드렛일 등에 대한 권력을 휘두른다. 통제의 주체가 되는 모든 사람이 소리를 지르지는 않지만(그리고 소리를 지른다고 모두 통제되지는 않지만), 소리 지르기는 하나의 통제 방법이다. 통제식 가정의 역학은 언어폭력의 범주에 들어간다. 피트 워커Pete Walker[46]는 『감정 충만의 도The Tao of Fully Feeling』에서 이렇게 썼다.

언어폭력은 상대에게 수치심, 두려움, 혹은 상처를 주기 위한 언어를

---

46 미국 출신의 결혼·가정 전문 심리치료사.

사용하는 것이다. 제 역할을 못 하는 부모는 일상적으로 욕설을 쓰고, 비꼬고, 심한 비판을 가하여 자녀를 지배하고 통제한다. 미국 가정에서 언어폭력은 숙제와 식사 예절만큼 흔하다. 거의 모든 TV 시트콤에서 사회적으로 용인될 수 있는 것으로 소개된다.

통제식 가족 구성원에 대처하는 법: 가족 구성원이 자신의 일방적 소통 방식을 바꾸길 거부한다면, 가족 체계 바깥의 관계로 에너지를 전환할 필요가 있다. 6장의 연습은 정서적으로 숙련된 우정을 만드는 데 도움이 될 것이다. 웨인 다이어Wayne W. Dyer[47] 박사의 말처럼 "신이 우리의 가족에 대하여 사과하는 방식이 바로 친구다."

9. 폐쇄적 체계

정서적으로 서툰 가족은 폐쇄적인 체계를 갖는 경우가 많다. 외부인들은 신뢰받지 못하고, 외부의 영향은 허용되지 않으며, 순응은 철칙이고, 내부 체계는 그 어떤 변화에도 견딜 수 있다. 그것이 건강한 변화라도 말이다. 폐쇄적인 가족 체계에서는 보통 다음과 같은 주문들이 들린다.

• 내가 그렇게 말했으니까, 그게 이유야.

47　미국의 유명한 자기 계발 작가이자 동기부여 전문 강연자(1940~2015).

폐쇄적 체계

- 내가 하는 대로 말고, 내가 말하는 대로 해.
- 너는 이 집 밖에서는 아무도 믿어서는 안 돼.
- 늘 이런 방식으로 해 왔어.
- 다른 사람한테 비밀을 말하지 마.
- 이 집에서 일어나는 일은 그냥 이 집에 남는 거야.

이와 대조적으로 개방적 가족 체계는 소통을 반기고, 새로운 정보를 기꺼이 받아들이며, 변화에 열려 있다. 새로운 관점을 반기고 거기에 맞는 조처를 한다. 또한 외부 영향의 가치를 인정하고 엄격하기보다는 유연하다. 버지니아 사티어Virginia Satir[48]의 말처럼 "개인의 차이를 받아들이고, 실수를 인내하며, 소통에 열려 있고, 규칙이 유연한

---

48 미국의 작가이자 심리치료사(1916~1988). '가족 치료의 어머니'로 여겨진다.

분위기에서만 가치에 대한 감각이 만개할 수 있다. 이러한 분위기는 양육을 중시하는 가정에서 나타난다."

폐쇄적 가족 체계에 대처하는 법: 폐쇄적인 가족 구성원 모두를 개방적으로 변하도록 바꾸는 것은 쉽지 않은 도전이다. 이런 시도보다는 새로운 정보를 받아들이고, 필요할 때 변화하며, 생활·사고·행동의 새로운 방식에 열린 자세를 유지하는 데 적극적인 구성원에게 집중하는 편이 좋다.

10. 엄격한 역할

정서적으로 숙련된 가정은 변화와 성장에 열려 있다. 반면 정서적으로 서툰 가정은 구성원들에게 특정한 역할을 배정하고, 역할을 바꾸려는 시도를 거부한다. 만약 자신이 가정에서 똑똑한 사람으로 여겨졌다면, 축구를 하겠다고 나섰다가 기가 꺾였을지도 모른다. 만약 자신이 운동하는 사람으로 낙인되었다면, 토론 클럽 가입이나 학교 뮤지컬 오디션에 대한 관심은 조롱받았을지도 모른다.

엄격한 역할의 역학은 보통 중독 문제를 앓는 가정에서 확연히 드러난다. 사랑하는 가족이 중독 증상을 보이면, 다른 구성원들은 의식적으로 회복을 기원하면서도 무의식적으로 저항하게 된다. 테리 시젝Terry Ciszek은 이렇게 썼다. "조장자enabler[49]는 다른 사람의 도움을 받지 않은 상태에서 가족이 계속 잘 지낼 수 있도록 중독된 구성원이

엄격한 역할

이게 바로 너야.

운동하는 자　예쁜 자　똑똑한 자　중독자

보이는 행동의 결과를 최소화하기 위해 노력할 것이다. 그리고 중독된 구성원은 중독 치료에 관한 도움을 얻고자 하는 동기를 거의 못 받을 것이다." 왜 가족은 회복 과정에 등을 돌릴까?

　회복에는 진정성, 진실한 소통, 변화 등이 필요하다. 중독된 누군가가 회복하는 과정에서 오랫동안 감춰졌던 가족의 비밀이 드러나곤 한다. 우리는 모두를 변화시키지 않고서는 가족 체계의 일부조차 변화시킬 수 없다.

　엄격한 역할에 대처하는 법: 중독 증상이 있는 누군가에게 회복을 강요

49　　상대를 도와준다고 생각하지만 실제로는 망치고 있는 사람을 가리킨다.

할 수 있는 이상으로 가족에게 변화를 강요할 수 없다. 알코올 중독자의 가족과 친구를 위한 지원 프로그램인 알아넌^Al-Anon^에서 이야기하는 3가지 C에 따르면, 우리는 중독을 야기하지^cause^ 않았고, 우리는 그것을 통제할^control^ 수 없으며, 우리는 그것을 치료할^cure^ 수 없다. 가족이 우리를 가두려고 한다면, 한 발짝 물러서서 변화와 성장이 권장되는 관계에 집중할 필요가 있다. 나의 친구이자 동료인 네이트 포슬스웨이트^Nate Postlethwait^는 이렇게 말한다. "우리가 태어난 가정에서 우리를 단정 짓기 위해 우리에게 특정한 역할을 기대한다면, 그들이 바란 우리의 모습에 대한 생각을 무너뜨리고 우리 자체를 존중해 달라고 요구해야 한다. 우리의 성격은 가족이 만드는 게 아니다."

결론: 용서는 아름답지만, 치유와는 상관없다

여기까지 왔다면 축하한다. 가족의 기량 수준을 정직하게 평가하고 부정을 극복하려면 용기가 필요하다. 피아 멜로디는 이렇게 썼다. "우리는 과거에 우리의 역기능 부모가 우리에게 하라고 가르쳐주지 않은 것을 알아서 하는 방법을 익혀야 한다. 즉, 자신을 적절히 존중하고, 역할의 경계를 세우며, 우리의 현실을 의식·인정하고, 어른으로서의 욕구와 바람에 귀 기울이며, 우리의 현실을 알맞게 경험하는 것이다." 어떻게? 머리글자를 따서 만든 다음의 BUILD 전략은 서툰 가족의 역학을 맞닥뜨렸을 때 선택할 수 있는 사항들을 정리한 것이다.

- 경계|Boundaries. 정서적 건강은 경계 없이는 존재할 수 없다. 경계 전문가인 네드라 타와브Nedra Tawwab는 "우리의 건강은 우리의 경계에 달려 있다"고 말한다. 이는 가족의 정서적 성숙은 물론 개인의 행복에도 적용되는 사실이다.
- '난 ~ 해야 해'라는 표현을 버리기Unsubscribe. 이렇게 된 표현은 의무에 기반하고, 패턴에 계속 얽매이게 만든다. 대신에 '나는 ~ 할 수 있어', '나는 ~ 하기로 했어'처럼 선택에 기반한 문구를 쓰라.
- 현실검증을 통해 자기 인식을 살피기Investigate.
- 자신이 어떤 상태인지 확실히 파악하기 위해 자신이 가진 생각과 감정을 정확히 규정하기Label.
- 자신의 상처를 완벽하게 받아들일 때까지 동정과 용서를 미루기 Delay.

동정은 그 존재가 경계와 일치한다는 조건 하에서는 유익하다. 동정 없는 경계는 엄격하고 약간 잔인하게 느껴질 수 있지만, 경계 없는 동정은 상호 의존과 같다. 경계 없는 동정은 끽해야 자기 배반, 최악이면 자해다. 동정과 경계는 상호 배타적인 관계가 아님을 기억하라. 그렇다면 용서는 어떨까? 우리는 감정의 상처를 서둘러 덮고 용서에 닿기를 바랄지도 모른다. 용서에 관해 알아야 할 세 가지 주요 사항은 다음과 같다.

1. 용서는 아름다운 영적 이상이지만, 트라우마를 치유하는 데는 필요 없다.
2. 자신의 상처를 서둘러 용서하게 되면, 자신의 현실을 가볍게 보고 없던 일로 치부하게 된다. 이는 가스라이팅을 자초하는 셈이다.
3. 용서는 보통 정서적 치유와 같다. 하지만 용서가 정서적 치유의 전제조건은 아니다. 용서하고 싶지 않으면 용서하지 않아도 된다.

가족의 행동 패턴은 보통 대물림되고, 바꾸기 아주 어려울 수 있다. 자기 가족을 솔직하게 점검하게 되면 분노, 애도, 고통, 죄책감, 슬픔 등이 뒤섞인 감정을 경험할 가능성이 크다. 이 작업은 불편하지만 그 보상은 매우 크다. 중독자 치료를 위한 12단계 바이블인 『익명의 알코올 중독자들을 위한 빅북The Big Book of Alcoholics Anonymous』에는 「약속The Promises」이라는 섹션이 있다. 여기에는 변화에 전념할 때 얻을 수 있는 보상들이 나와 있다. 가족 역학을 비롯한 무언가로부터 벗어나려고 하는 모든 이들이 이 보상을 받을 수 있다. 보상 약속에는 다음과 같은 내용이 포함된다.

• 우리는 새로운 자유와 새로운 행복을 알게 될 것이다.
• 우리는 과거를 후회하거나 외면하지 않을 것이다.
• 우리는 우리를 굉장히 당황하게 하던 상황에 대한 대처법을 직

감적으로 알게 될 것이다.

- 우리가 이 개선 단계에 공을 들인다면, 그 중간을 지나기도 전에 놀랄 것이다.

변화하기에 너무 늦은 때란 없다. 가는 길이 진흙이 되고 가팔라도 계속 전진한다면, 결국 불가능하게 느껴지곤 했던 것들을 하고 있는 자신의 모습을 발견할 것이다. 우리를 궁지로 몰아서 끝내 위축시켰을 요인들은 어느 순간 다루기 쉬워질 것이다. 분노와 슬픔에 압도되지 않고 그 감정을 경험하는 자신의 모습을 발견할 것이다. 죄책감과 수치심을 느끼지 않으면서 경계를 세울 수 있을 것이고, 자신이 선택한 방향으로 가는 길을 계획하는 권한이 주어진 느낌을 받을 것이다.

핵심 정리 ——

- 모든 가정은 어느 정도 문제가 있다.
- 균형을 갖는 것은 유익하지만, 비교하는 것은 도움이 되지 않는다. 우리는 자기감정에 대한 권리가 있다.
- 이상적인 애착 유형은 안정 애착이다. 《아담스 패밀리》의 웬스데이와 퍽슬리는 안정 애착의 대표적인 예다.
- 이상적인 양육 방식은 권위적 양육이다. 《인크레더블》의 엘라스티걸은 권위적 양육의 대표적인 예다.
- 자기 가족을 좋다 혹은 나쁘다로 생각하는 대신 정서적으로 숙련되었는가 아니면 정서적으로 서툰가로 생각하라.

- 우리는 가족을 변화시킬 수 없지만, 우리가 그들에게 반응하는 방식은 바꿀 수 있다.
- 경계는 정서적으로 숙련된 가정에 필수적이다.
- 경계 없는 동정은 상호 의존과 같다.
- 용서는 아름다운 영적 이상이지만, 정서적 상처를 치유하는 데는 필요 없다.

행동 규칙 ——

해야 할 일	하지 말아야 할 일
완벽한 사람이란 없음을 상기하기. 실수란 피할 수 없다.	자녀가 감정에 상처를 입지 않도록 보호하지 못했음에 자책하기. 숙련된 부모들은 상처를 돌본다. 그들은 상처를 피하지 않는다.
가족의 동의 없이 가족을 변화시킬 수 없음을 기억하기.	가족을 변화 과정에 발을 들이도록 강제해 보기. 자신의 가족에게 더 숙련된 행동법을 성공적으로 주입한 사람은 인류 역사상 아무도 없다.
자신의 감정을 확인하고, 자신을 지지해줄 수 있는 친구와 동료를 찾아서 자신의 경험을 확인하기.	자신의 감정을 가족이 동정심을 갖고 반응하리라 기대하기.
능숙한 표현과 서툰 표현을 써서 상세히 따져보기.	가족의 행동에 대해 그 사람을 비난하거나, 창피를 주거나, 대립할 필요가 있다고 생각하기.

5분 도전 ——

1. 서툰 가족의 역학 10가지가 나타난 만화나 소설을 찾으라.

2. 역학이 친숙하게 느껴지는 경우를 리스트로 만들라.

3. 리스트의 각 역학에 대해 '해야 할 일…' 행동 항목을 만들라.

4. 그다음 주에 언급된 행동 항목 중 하나를 열심히 실천한다.

3부
무기력의 에너지,
중독과 정서적 회기

8장

가장 강력한 적,
중독과 나쁜 습관

자신이 생각하는 모든 것을
믿지는 말라.

로버트 풀검Robert Fulghum[50]

계단을 걸어서 내려가다가 마지막 계단을 헛디뎠을 때 느껴지는 엄청난 어색함을 아는가? 그때 우리의 뇌는 이렇게 말한다. '야, 걱정하지 마! 땅바닥은 평평해!' 하지만 우리의 입은 '안 돼애애애애애!' 하고 외치고 우리의 몸은 발을 헛디딘다. 간신히 균형을 잡은 다음 혹시 자신의 실수를 본 사람이 없는지 확인하기 위해 주위를 슬그머니 본다. 만약 나의 우스꽝스러운 행동을 본 사람이 있으면 잠시 폴짝폴짝하면서 '일부러 그랬어'라고 말하듯 즐겁게 웃을 지도 모른다.

그런데 마지막 계단을 헛디딘 상황이 삶과 죽음을 가르는 순간이

---

50 미국의 작가(1937~). 1988년에 출간되어 베스트셀러에 오른 『내가 정말 알아야 할 모든 것은 유치원에서 배웠다All I Really Need to Know I Learned in Kindergarten』(1988)로 유명하다.

었다면 어떨까?

왜 그 비행기는 추락했을까

묘지행 나선 비행graveyard spiral은 비행사가 운항 중에 뇌가 인식하는 것과 실제로 일하는 일이 어긋나면 발생하는 치명적인 현상을 말한다. 이때 비행기는 지면을 향해 나선을 그리며 빠르게 하강하지만, 비행사는 비행기가 수평으로 날고 있다고 착각한다. 이 때 비행사는 나선 비행을 보지도 느끼지도 인지하지도 못한다. 이런 일이 생기는 이유는 비행사의 비행 지식이 부족해서가 아니라 착각illusion 때문이다. 착각은 지각의 왜곡이다. 다른 표현으로 하자면, 뇌가 우리에게 내적으로 전하는 말이 외적으로 일어나는 일과 다른 상태다. 묘지행 나선 비행은 지각과 현실 사이의 부조화때문에 일어난다. 비행사는 상황이 괜찮다고 생각하지만, 실제로는 그렇지 않다. 미국연방항공국The Federal Aviation Administration, FAA의 안전 안내 책자를 보면 이런 내용이 나온다. "비행사가 착각을 인지하지 못하고 날개를 수평으로 맞추지 않으면, 비행기는 계속해서 하강하여 땅에 충돌한다." 이 위험한 비행 착각을 치명적 나선 비행deadly spiral, 악성 나선 비행vicious spiral이라고도 한다.

비행 착각은 우리가 모두 경험하는 증상이다. 우리의 몸에는 균형기관으로 알려진 것, 혹은 과학에서 전정계vestibular system라고 부르는 기관이 있다. 귀의 가장 안쪽 부분에 위치한 이 시스템은 균형, 자세, 안정감을 유지하는 역할을 한다. 전정의 착각은 실제와 뇌가 현실이라고 생각하는 것이 일치하지 못할 때 생긴다.

주차된 차량의 운전석에 앉아 본 적이 있다면, 전정의 착각을 경험했을 수 있다. 우리가 움직이지 않아도 옆으로 차가 지나가면, 내가 탄 차가 앞으로 나아가는 느낌이 들기 때문에 브레이크를 반사적으로 세게 밟게 된다. 이처럼 우리가 뇌에서 받는 감각 정보는 우리 주변의 현실을 온전히 반영하지 않는다. 비행사들이 비행기를 제어하지 못하는 이유는 그의 인식이 상황과 일치하지 않기 때문이다. FAA 안내서에 따르면 "비행사의 기본적인 책임은 통제력 상실을 막는 데 있다. 비행 중의 통제력 상실은 전 세계 비행업계와 미국에서 일어나는 치명적인 비행 사고의 주요 원인이다."

이것이 우리의 정신없는 넷플릭스 정주행, 요요 현상, 새해 각오 달성 실패와 어떤 관련이 있는 걸까?

모든 부분에서 관련 있다. 통제력 상실이란 중독에 대한 확실한 정의가 된다. 우리는 자신을 중독자로 보지 않을 수 있지만, 가끔 드는 통제 불가한 느낌이 어떤지는 모두가 안다. 나중에 이 장에서 확인할 텐데 중독은 묘지행 나선 비행과 같은 원리로 발생한다. 바로 지각과 현실 사이의 부조화. 그런 의미에서 중독이나 나쁜 습관에서 벗어나기 위한 열쇠는 우리가 살펴볼 생각을 거의 하지 않을, 다름 아닌 비행 안전 훈련에서 확인할 수 있다.

우리가 마약에 심각하게 기대든, 감정에 사로잡혀 폭식을 하든, 일에 중독되어 살든, 통제력을 상실하면 공통적으로 일상이 무너져 내린다. 우리가 느끼는 충동이 약물 중독이나 묘지행 나선 비행만큼 치명적이진 않을 수 있지만, 충동이 작동하는 방식은 동일하다.

FAA 안내서에는 이러한 설명이 있다. "통제력 상실로 인한 사고를 막으려면 비행사가 통제력 상실의 위험을 높이는 상황에 대한 높아진 의식을 확인하고 유지하는 일이 중요하다. 방향 감각을 잃은 비행사는 (1) 점차 윤곽을 드러내는 사건을 이해하지 못하거나, (2) 상황을 풀거나 바로잡는 데 필요한 기술이 부족하거나, (3) 일어나는 상황에 대처하기 위한 심리적·생리적 능력이 떨어지는 등 복합적인 요인 때문에 방향 오차를 의식하지 못한다."

비행 중의 통제력 상실이나 하루에 담배 한 갑 흡연 습관은 모두 착각의 결과다. 우리가 속으로 느끼는 것이 밖에서 일어나는 일과 불일치하는 것이다. 심리학 영역에서 이를 표현하는 또 다른 단어로 부인否認, denial이 있다.

부인이란 우리가 마음속으로 사실이라고 알고 있는 것에 대해 인정하기를 거부하는 심리다. 인간은 태생적으로 고통을 마주하기보다는 착각의 영역에서 꼼짝하지 않으려 한다. 이러한 착각들은 "난 내일이면 제자리를 찾을 거야." "난 원하면 언제든 관둘 수 있어." "올해에는 운동 시작할 거야." 같은 만사태평한 주장으로 나타나기도 한다. 새해의 다짐은 정말이지 새해의 착각이라 불려야 한다. 우리는 보통 '한 잔'이 실제로 다섯 잔을 뜻할 때를 너무 잘 안다. 나는 내가 속으로 피넛 버터 시리얼을 작은 사발에 한 그릇만 먹을 거야, 하고 생각할 때 결국 박스, 사발, 수저까지 먹어 치우리라는 걸 안다. 어떻게 하면 자신에게 거짓말을 그만할까? 앞서 살펴본 FAA 안내서 내용 중에 세 곳만 살짝 고쳐보자.

통제력 상실로 인한 (행동을) 막으려면 (우리가) 통제력 상실의 위험을 높이는 상황에 대한 높아진 의식을 확인하고 유지하는 일이 중요하다. 방향 감각을 잃은 (사람은) (1) 차차 윤곽을 드러내는 사건을 이해하지 못하거나, (2) 상황을 풀거나 바로잡는 데 필요한 기술이 부족하거나, (3) 일어나는 상황에 대처하기 위한 심리적·생리적 능력이 떨어지는 등 복합적인 요인 때문에 … 방향 오차를 의식하지는 못한다.

우리가 중독, 강박, 나쁜 버릇에서 벗어나려면, FAA 안내서에서 언급한 위의 세 가지 요소를 해결해야 한다.

1. 차차 윤곽을 드러내는 사건에 대한 '이해' 부족
2. 상황을 바로잡기 위한 '기술' 부족
3. 대처를 위한 '심리적·생리적' 능력 부족

첫 번째 내용, '이해'에서는 중독의 정의와 중독이 아닌 것에 대한 놀라운 사실을 이야기할 것이다.

두 번째 내용, '기술'에서는 전투기 조종사의 전략에 기반한 활용 도구들을 알려줄 것이다. 참고로 이 도구들은 우리를 무기력에서 벗어나 자신을 다시 통제할 수 있도록 도와줄 것이다.

세 번째 내용, '심리/생리'에서는 해로운 요인을 처리하고 문제의 상황에서 벗어나는 방법을 이야기한다.

중독을 인정하지 않는 심리

중독이란 내성 증가, 통제력 감소, 부정적 결과를 감수한 지속적 의존을 야기하는 물질 혹은 행동과의 관계를 뜻한다(나쁜 습관이라는 표현을 중독으로 대체해도 된다). 일반적으로 중독이 어떤 형태를 띠는지에 대해 어렵지 않게 정의할 수 있을 것 같지만 중독이 실제로 어떤지를 두고 학계 안에서는 극명한 의견 차이가 존재한다.

중독에 관한 학술 문헌들은 큰 모순을 보인다. 예를 들어 중독이 의학적 질환이라고 주장하는 연구로 도서관 하나를 채울 수 있는데, 그 반대편 도서관에는 중독이 의학적 질환이 아님을 주장하는 논문이 가득 채워져 있을 것이다. 재키 리치 스컬리Jackie Leach Skully 교수는 「질환이란 무엇인가?What Is a Disease?」에서 이러한 질문을 던졌다. "실제 질환과 우리가 언뜻 불안하게 느끼는 인간의 행동 혹은 특성을 어떻게 제대로 구분할까?"

중독은 질환이다. 그리고 중독은 질환이 아니다. 그렇고, 그렇지 않기도 하고, 그렇기도 하다. 내가 상대한 한 내담자의 이야기를 한번 들어보라.

피트는 우리의 딸이나 아들이 결혼하겠다고 데려오길 바라 마지
않을 아이였다. 큰 키에 반짝이는 눈과 연갈색 머리를 가진 17세 소년
은 대학의 촉망받는 미식축구 스타였다. 그는 작은 감리교회에 꾸준
히 나갔고, 지역 무료 급식소에서 자원봉사를 했으며, 청년부 사람들
과 함께 선교여행을 떠나서 집도 지었다. 학대나 정신질환 이력을 갖
고 있지 않았다.

하지만 피트는 중요한 경기 중에 전방십자인대가 찢어지는 부상
을 당한 후, 의사로부터 옥시코돈이라는 강력하고 중독성 강한 아편
진통제를 처방받았다. 미국의 대다수 의사와 마찬가지로 주치의는
아편제의 중독성을 피트나 그의 가족에게 알리지 않았다.

그로부터 몇 달 후, 피트는 자신의 몸이 옥시코돈에 의존하게 되었
다는 사실을 깨닫고 경악했다. 복용을 멈추자 고통스러운 근육 경련,
극심한 구토, 과도한 발한 등 심각한 독감과 유사한 증상이 몸을 빠
르게 뒤덮었다. 피트는 너무 당황한 나머지 가족들에게 이 상황을 이
야기하지 않았고, 금단 현상을 피하기 위해 점점 더 많은 약을 몰래
먹기 시작했다.

하지만 옥시코돈은 처방을 받아야 얻을 수 있었고, 길거리에서는
비싼 돈을 줘야 구할 수 있었다. 값싼 대안은 헤로인이었다. 피트는
곧 낯선 사람들과 함께 지내며 바늘과 주사기를 공유하게 되었다. 그
렇게 4년 동안 여러 번 체포되고 체중이 27킬로그램이나 빠진 후에
야 가족들이 나서서 그를 중독치료소에 보냈고 결국 나의 사무실까
지 오게 되었다.

여기서 잠깐. 당신이 보기에 피트에게 질환이 있을까?

나는 아니라고 본다. 중독은 전신성 요인, 생물학적 요인, 환경적 요인 등 여러 요인이 복잡한 망을 이룬 결과다. '중독이란 무엇인가?'라는 질문에 간단한 대답은 불가능하다. 회복을 주제로 이루어진 연구 또한 똑같은 딜레마에 빠진다. 중독의 본질에 대한 동의가 없는 만큼 회복을 이끄는 최고의 방법이 무엇인지에 대한 일정한 동의도 없다. 사람들이 중독이나 해로운 습관에 걸려드는 이유를 몇 가지만 들자면 바로 다음과 같다.

- 현실에 무뎌지기 위해
- 과거에서 벗어나기 위해
- 미래에 대한 공포
- 죽음에 대비하기 위해
- 삶에 대처하기 위해
- (피트의 경우처럼) 의학적으로 보증된 처방에 따른 의존증
- 유전적 소인
- 정신질환
- 전신성 압박
- 트라우마
- 긍정 강화 (일 중독, '깨끗한' 음식에 대한 집착, 운동 중독 등에 흔히 나타나는 현상으로, 행동에 지속적인 보상이 주어진다)

이유가 다양한 만큼 누구에게나 맞는 해결책을 찾기란 불가능하다. 원한다면 중독에 관한 신경생물학적 역학을 몇 시간씩 살펴볼 수 있다. 도덕 모델, 질환 모델, 사회적 학습 모델, 공중보건 모델, 정신역학 모델 등 중독에 관한 모델들을 비교하고 대조할 수 있다. 제욕, 위해 저감, 절제 같은 중독 치료 이론들을 논의할 수 있다. 이런 학술적 이론과 연구는 가치가 있지만 그렇다고 자신이 겪고 있는 문제를 해결하고자 심리학 박사 학위를 딸 필요는 없다.

중독(과 나쁜 습관)에서 벗어나려면 올바른 질문에서 시작해야 한다. 올바른 질문은 무엇일까?

'나한테 뭐가 잘못됐지?'라는 질문보다는 '이 행동에서는 어떤 부분이 옳은 걸까?'라는 질문을 할 필요가 있다. 중독(과 나쁜 습관)에도 저마다 기능이 있다. 그 기능을 아는 것이 중독에서 벗어나는 열쇠다.

이번 장의 서두에서 언급된 비행사의 예를 기억하는가? 묘지행 나선 비행의 원인은 지식 부족이 아니다. 비행사는 어떤 일이 일어나고 있는지에 대한 이해가 부족할 때 위험에 처한다. 말콤 글래드웰Malcolm Gladwell은 『블링크Blink』에 이렇게 썼다. "좋은 결정을 내리는 데 필요한 열쇠는 지식이 아니다. 이해다. 우리는 전자에서 허우적거리고 있다. 반면에 후자는 심각하게 부족하다."

걸 스카우트Girl Scout 쿠키[51] 폭식, 마르가리타 폭음, 드라마 정주행

---

51   미국의 걸 스카우트에서 기금 마련을 위해 판매하는 쿠키.

등 자칫 무절제해 보이는 행동에도 그 나름의 기능이 있다. 기능에 대한 이해가 행동 변화의 시발점이 된다. 여기서 잠시, 중독이 질병이라는 생각은 뒤로 미뤄두자.

중독이란 고통스러운 진실로부터 자신을 보호하기 위해 우리가 기대는 행동과 착각의 보호 체계다. 인지신경과학자이자 발달심리학자인 명예교수 마크 루이스Marc Lewis 박사는 『욕구의 생물학: 중독은 왜 질병이 아닌가The Biology of Desire: Why Addiction Is Not a Disease』에서 이렇게 썼다. "확신하건대, 중독을 질병이라고 일컫는 것은 부정확할 뿐 아니라 보통은 해롭다." 『굶주린 영혼들의 영역에서In the Realm of Hungry Ghosts』의 저자 가버 마테Gabor Maté 박사는 이렇게 썼다. "과학의 발견, 마음의 가르침, 영혼의 계시는 모두 구원을 뛰어넘는 인간 존재란 없음을 우리에게 확인시켜 준다. 개선의 가능성은 생명이 존재하는 이상 계속된다. 궁극적인 문제는 타인과 우리 자신 안에서 그 가능성을 어떻게 뒷받침하느냐에 있다."

개선의 가능성을 뒷받침하려면, 우리는 자신의 가장 해로운 중독(과 나쁜 습관)에도 자기 파괴가 아닌 자기 보호의 목표가 있다는 가정에서 시작할 필요가 있다. 우리는 자신을 싫어해서가 아니라 너무나 보호하고 싶어서 과식하고, 운동하지 않고, 과로하고, 자신을 제대로 돌보지 않는다. '무엇으로부터 자신을 보호한다는 거지?' 이렇게 궁금해할 수도 있을 텐데, 이 질문에 대한 답은 다음 내용에서 확인하겠다.

진실이 너희를 자유롭게 하리라

군것질, 영상, 쇼핑 중독에서 벗어나기 위한 가장 중요한 기술은 긍정적인 사고가 아니다. 우리의 휴대폰을 다른 방에 갖다두는 것도 (도움은 될 수 있겠지만) 아니다. 케톤생성식이요법을 엄격하게 지키는 것도 아니다. 더 큰 의지를 모으는 것도 당연히 아니다.

중독을 깨는 가장 중요한 기술은 자신의 진실에 대해 무조건 헌신하는 것이다. 자기 생각을 무시하는 행위는 큰 위험을 초래한다. 당신은 자신에게 하루에 몇 번 정도 거짓말한다고 생각하는가? 이 질문에 '난 거짓말 안 해요!' 하고 진심 어린 항의를 할 사람이 많을 것이다.

이 질문을 다르게 생각해 보자. 자기 기만은 포르노물 중독을 숨기는 것만큼 내밀할 수 있고, 아니면 지옥 같은 하루를 보내는 와중에 안부를 묻는 친절한 마트 직원에게 괜찮다고 말하는 것만큼 단순할 수도 있다. 사랑하는 파트너에게 자신의 신용카드 빚을 숨기는 일은 기만이다. 내일 러닝머신을 타겠다고 미루는 것도 마찬가지다. 중독은 실제와 이상 사이의 차이에서 힘을 얻는다. 묘지행 나선 비행 중인 비행사처럼 자신의 생각(난 괜찮아)이 자신이 처한 상황의 현실(난 정말 괜찮지가 않아)과 맞지 않을 때, 우리는 결국 충돌할 것이다. 작은 치통을 무시할 때 어떤 일이 일어나는지 생각해 보라. 고통을 계속 사소한 것으로 치부하고 무시하다가는 결국 머리가 터져 버릴 듯한 느낌이 들고, 아주 비싸고 고통스러운 시술이 필요해진다.

묘지행 나선 비행은 공간 왜곡의 결과다. 중독은 진실 왜곡의 결과다. 비행사가 비행기를 땅으로 거꾸러뜨리듯이, 우리는 전혀 괜찮지 않은데 괜찮다는 생각에 몰두하려고 할 때 의도치 않게 재앙에 내몰린다. 중독의 나선 비행은 다음처럼 개관할 수 있다.

중독의 나선 비행

나쁜 일이 일어난다

⋯▶ 상황을 부정한다 ⋯▶ 상황을 피한다

⋯▶ 다른 상황을 이용하여 그 상황에서 벗어나려고 한다

⋯▶ 모든 상황에 대해 수치심을 느낀다

⋯▶ 이것을 반복한다

어떻게 하면 이 사이클을 깰 수 있을까? 진실을 위한 여유를 가질 때 어떤 일이 생기는지 살펴보자.

중독의 나선 비행에서 벗어나기

나쁜 일이 일어난다

⋯▶ 상황을 인정한다 ⋯▶ 상황의 고통을 느낀다

⋯▶ 상황의 고통을 진정시키기 위한 선택지들을 고려한다

⋯▶ 이것은 정당한 선택임을 상기한다. 우리에겐 자신의 고통에 대한 권리가 있다

⋯▶ 심호흡하고, 파괴적인 행동에 대한 충동을 참는다

불쾌한/불편한/고통스러운 진실들을 전부 살펴보는 일은 중독의 나선 비행을 막는 데 유용한 도구가 된다. 진실이란 '내 여동생 때문에 돌겠어'처럼 단순할 수도 있고, '이혼하고 싶어'처럼 복잡할 수도 있다. 성적인 관심이 무서워서 체중을 감량하고 싶지 않다는 게 가능할까? 물질주의자처럼 보일까 봐 걱정된다고 경제적 성공을 두려워할 수 있을까?

우리는 자신을 방해하고 싶어서가 아니라 방어하고 싶어서 진실로부터 숨는다. 244페이지의 표를 노트에 옮겨 적으라. 자신의 인생에서 불편을 초래할 수 있는 것은 무엇이든 적어서 리스트로 만들라. 좋은 것과 나쁜 것 모두 해당된다는 점을 기억하라. '내가 … 해야 한다'는 표현은 피하라. 자신한테 '해야 한다'는 하지 말라.

베셀 반 데어 콜크 박사는 『몸은 기억한다』에서 이렇게 썼다. "우리는 계속 비밀을 지키고 정보를 숨기는 한 자기 자신과 근본적으로 전쟁을 치른다. … 중요한 문제는 자신이 아는 바를 알도록 하는 데 있다. 여기에는 엄청난 용기가 필요하다." 우리는 자신의 인생이 엉망이 될까 봐 무서워서 자각적 의식으로부터 자신이 아는 바를 숨기곤 한다.

자기 인생의 검토 영역	비밀 감정/사고

자기 인생의 검토 영역	비밀 감정/사고
결혼	나는 이 결혼 생활에 정말 행복하지 않아. 이걸 인정하면 혼자가 될까 봐 두려워. 하지만 진실은, 내가 정말로 이혼을 원한다는 거지.
경력	최근에 있었던 내 승진을 두고 친구들이 질투할까 봐 걱정이야. 이제 걔들보다 내가 더 잘 번다고 남편이/아내가 기분 나빠할까 봐 두렵기도 해. 하지만 진실은, 내가 정말로 승진을 자축하고 성공을 즐기고 싶다는 거지.
창의성	난 정말로 음악을 작곡하고 싶어. 이걸 받아들이면 굶주린 아티스트가 될까 봐 두려워. 하지만 진실은, 내가 나를 위해 창의적인 일을 할 시간이 전혀 없다는 데 정말 열받는다는 거야.
양육	때로 나는 도피하는 듯한 느낌이 들어. 이걸 인정하면 형편없는 부모라는 의미가 될까 봐 두려워. 하지만 진실은, 때로 내가 머리를 쥐어뜯고 싶고, 시끄럽게 구는 아이들을 상대할 필요가 없길 바란다는 거야.

위의 표는 우리가 작성한 표와 비슷할 몇 가지 가상 예시들이다.

뇌는 유혹하듯 속삭인다. '원하는 걸 잊어. 느끼는 걸 잊어. 아는 걸 잊어. 알고 있는 걸 모르는 게 더 안전해.' 하지만 그 반대가 진실이다. 음식, 운동, 술, 돈, 아니면 무기력을 부추기는 그 어떤 중독에서도 벗어나려면 진실을 대면할 필요가 있다. 또한 금욕 아니면 중독이라는 이분법에서 벗어나야 한다.

2015년 TED 강연《당신이 중독에 관해 알고 있다고 생각하는 것은 모두 틀렸다Everything You Think You Know About Addiction Is Wrong》에서 요한 하리Johann Hari는 중독을 재고할 수 있는 설득력 있는 사례를 소개했다. 하리는 이렇게 말한다. "중독의 반대는 맨정신이 아니다. 교류다." 하지만 나는 난 이 이론에 동의하지 않는다.

6장의 우정에 관한 논의대로, 우리는 모두 교류로 얽혀 있다. 그렇다, 교류의 결핍은 우리의 신체적·정신적 건강에 위험하다. 하지만 교류는 중독을 근절하기 위한 묘책이 아니다.

교류가 마법의 만병통치약이라면, 약물 중독 환자의 입원 치료는 아주 성공적일 것이다. 왜냐고? 사람들은 중독 치료를 시작하는 즉시 자신과 생각이 비슷한 동료와의 만남, 의미 있는 작업, 일상 활동, 실시간 교류 등에 돌입하기 때문이다. 그럼에도 약물 중독 환자의 입원 치료는 대개 회복, 재발, 치료를 위한 복귀, 반복으로 이어지는 회전문과 같다. 미국질병관리센터 웹사이트에는 이런 내용이 나온다. "1999~2018년 75만여 명의 사람이 약물 과다복용으로 사망했다. (약물 과다복용은) 미국에서 일어난 상해 관련 사망의 주요 원인이었다." 분명히 중독 치료에 대한 현재의 주류 접근법은 결함이 있다.

다른 사람과의 교류는 회복에 필요한 요소다. 하지만 실제로 사람으로 가득한 공간에서 완전히 혼자라고 느껴지는 경우가 얼마나 많은가. 친구와 가족에게 둘러싸여 있는데도 고립되고 차단된 느낌을 받는 경우가 얼마나 자주 있는가. 우리는 흔히 다른 사람의 몸에서, 우리가 먹는 음식에서, 혹은 우리가 구입하는 물건에서 의미를 찾고자 한다. 하지만 거기에 의미는 없다. 중독의 반대는 교류가 아니다. 중독의 반대는 진실이다.

모든 중독, 강박, 나쁜 습관, 문제 행동의 이면에는 드러나지 않은 진실이 있다. 마사 베크Martha Beck[52]는 『길을 헤매다 만난 나의 북극성 Finding Your Own North Star』에서 이렇게 썼다. "어느 시점에서 거의 모든 내담자는 자신이 무엇을 원하는지 모르겠다고 내게 말하는데, 그건 절대 사실이 아니다. 우리의 본질적 자아는 매일 순간마다 우리 자신의 욕구를 알고 있다(메시지가 '나는 내가 가진 바로 그것을 원해요, 감사합니다'라는 만족스러운 내용일 때도 마찬가지다). 우리가 자신이 무엇을 바라는지 모른다고 생각한다면, 우리가 그것을 원하면 안 된다고 사회적 자아가 결정했기 때문이다." 우리의 본질적 자아는 우리가 원하는 바를 항상 알고 있을 뿐 아니라 우리가 언제 고통스러워하는지도 항상 안다. 우리가 상처받아서는 안 된다고 생각할 때도 말이다.

곰팡이 핀 눅눅한 내면의 지하를 발굴하게 되면, 고통스럽지만 외면해온 진실을 찾게 된다. 퓰리처상 수상 저널리스트인 찰스 두히그 Charles Duhigg는 『습관의 힘The Power of Habit』에서 이렇게 썼다. "흡연, 알코올 중독, 과식 등 굳어진 행동 패턴은 진짜 노력하지 않고도 확 바꿀 수 있다고 말하기 쉽다. 하지만 진정한 변화에는 욕구를 불러일으키는 행동에 대한 자기 이해와 노력이 필요하다." 진실을 이해하지 않고 습관을 길들이는 데 집중한다면 헛힘만 쓰고 더 큰 무기력에 빠지기 쉽다. 원하지 않는 행동에는 늘 흔적이 남는다.

---

52   미국의 인생 상담 전문가 겸 작가(1962~).

시초 사건	우리의 생각	우리의 감정	행동/믿음
어머니와 다투게 된다.	"괜찮아. 엄마가 원래 그렇지 뭐."	수치스럽다, 배신당했다, 화가 난다, 슬프다	과자 한 박스를 통째로 먹고는 음식 중독을 자신의 주된 문제로 여긴다.
동료들이 보는 앞에서 상급자가 자신에게 소리친다.	"괜찮아. 이 경기 상황에서 어쨌든 직업을 구했으니 난 운 좋은 거지."	수치스럽다, 치욕스럽다, 화가 난다, 슬프다	틴더로 사람들을 마구 만나고는 섹스 중독을 자신의 주된 문제로 여긴다.
10대 자녀가 "난 엄마/아빠가 싫어" 하고 말한다.	"괜찮아. 걔는 그냥 어린 애고, 난 걔 생각에 신경 안 써."	수치스럽다, 화가 난다, 걱정된다, 슬프다	집세 낼 돈을 전부 써버리고는 충동 소비를 자신의 주된 문제로 여긴다.
연말 연휴 기간	"괜찮아. 연중 가장 멋진 시간이잖아."	억울해한다, 슬프다, 절망적이다, 외롭다	일주일 동안 샤워를 안 하고는 게으름을 자신의 주된 문제로 여긴다.
자신이 사랑한 누군가가 죽는다.	"괜찮아. 모든 일에는 다 이유가 있는 법이지."	화가 난다, 슬프다, 절망적이다, 무섭다	와인 한 병을 마시고는 알코올 중독을 자신의 주된 문제로 여긴다.

위의 표는 시초 사건이 어떻게 건강치 못한 행동으로 이어질 수 있는지를 엿보는 기회가 될 것이다.

내담자들이 자신의 선택에 당황하거나 수치스러워서 나를 찾아오면 나는 그들의 행동이 문제라는 착각을 깨는 작업을 가장 먼저 한다. 어떻게 하냐고? 위 표와 동일한 예시들을 활용하여 그 이면에서 실제로 어떤 일이 일어날 수 있는지 살펴볼 수 있다. 오른쪽의 표가 그 예시다.

행동/믿음	그 진실은?
과자 한 박스를 통째로 먹고는 음식 중독을 자신의 주된 문제로 여긴다.	어머니와 싸우기는 싫다. 때로는 어머니가 정말로 나를 낳고 싶어 했을지 궁금하다. 하지만 이렇게 생각하면서도 기분이 안 좋다. 과식은 안정감을 준다. 음식 중독에만 초점을 맞추면 고통에서 효과적으로 벗어날 수 있다.
틴더로 사람들을 마구 만나고는 섹스 중독을 자신의 주된 문제로 여긴다.	상급자로부터 호통을 들어서 공개적으로 망신을 당하자 어렸을 때 줄곧 언어폭력을 당하던 일이 떠올랐다. 그걸 생각하지 않으려고 애써보지만, 대신에 더 큰 통제력을 느낄 수 있도록 다른 사람들과 어울리게 된다. 섹스 중독에만 초점을 맞추면 근본적인 트라우마를 피할 수 있다.
집세 낼 돈을 전부 써버리고는 충동 소비를 자신의 주된 문제로 여긴다.	10대 자녀가 목소리를 높이면 자신이 형편없는 부모처럼 느껴진다. 때로는 필요하지도 않은 물건을 사서 그 느낌을 보충하려고 한다. 그러고는 양육 문제에 대한 수치심과 부족함을 느낄 필요가 없도록 재정 문제에만 신경 쓴다.
일주일 동안 샤워를 안 하고는 게으름을 자신의 주된 문제로 여긴다.	연말 연휴 기간은 우울하고 힘겹다. 자신이 축하하고 싶지 않은 이유를 이해하는 사람을 찾기란 어렵다. 그래서 절망적인 기분이 들고 결국 아무것도 안 하게 된다. 그러고는 자신이 얼마나 외롭고 고립된 느낌을 받는지를 생각하는 대신에 자신이 얼마나 게으른지에 집착한다.
와인 한 병을 마시고는 알코올 중독을 자신의 주된 문제로 여긴다.	정말로 사랑한 누군가가 자동차 사고로 죽었다. 애도하고 있지만 이에 관한 이야기를 나눌 사람은 없다. 음주 습관에만 집중함으로써 애도의 과정을 피한다.

중독과 강박적 습관은 문제가 되기 때문에 관리할 필요가 있다. 여기서 주된 문제의 원인은 드러나지 않은 진실에 있다. 자신이 정말로 생각하고 느끼는 바를 깨달아야, 거기에 개입하여 충동성을 멈추고 '나는 이것을 할 수 있다'는 느낌을 키울 수 있다. 스티븐 프레스필드

Steven Pressfield[53]는 『최고의 나를 꺼내라The War of Art』에서 이렇게 썼다. "자신이 응당 그렇게 되어야 한다는 상상의 이상에 자신을 맞추는 게 아니라, 이미 자신이 어떤 모습을 하고 어떻게 되었는지를 발견하는 것이 우리가 살아가면서 할 일이다." 우리가 자신만의 진실에서 벗어나서 이상적인 이미지로 모습을 바꾸려고 하는 방법에는 어떤 것이 있을까? 아마 당신도 다음의 사고 왜곡 중 일부는 인정할 것이다.

- 그렇게 나쁘지는 않았어.
- 걔네가 나를 일부러 아프게 하려고 한 건 아니야.
- 이것 가지고 열받으면 바보지.
- 그저 감사해야지.

특권을 인정하고, 주어진 조건에 감사하며, 인생의 좋은 부분을 볼 줄 안다는 것은 유익한 태도다. 하지만 기억하라. 균형은 유익하지만 비교는 그렇지 못하다는 것을. 비교는 진실을 왜곡한다. 물은 들어가고 나오는 곳이 필요하고 그렇지 않으면 고여서 썩듯이, 고통에 관한 균형 있는 시각이 필요하다.

진실에 기반하지 않은 균형은 악영향을 미친다. 중독(과 나쁜 습관)에서 벗어나려면 자신이 괜찮지 않다는 진실을 인정해야 한다. 그다

53　미국의 역사물·논픽션 작가(1943~).

음에는 이런 질문을 던지도록 한다. '좋아, 그래서 나는 내가 안 괜찮다는 걸 인정해. 내가 고통에 빠져 있다는 걸 인정해. 그럼 이제 뭐 하지?' 이 질문에 대한 답은 놀라운 데서 발견될 수 있다. 바로 OODA 루프라고 알려진 군사 개념이다.

중독과 나쁜 습관을 관리하는 OODA 루프

OODA 루프는 미 공군 전투기 조종사, 펜타곤 고문, 군사 전략가로 활동한 존 보이드John Boyd 대령이 1950년대에 만든 방법이다. OODA 는 Observe(관찰하라), Orient(상태를 알라), Decide(결정하라), Act(실행하라)의 머리글자다.[54]

깨길 바라는 중독(과 나쁜 습관)이 무엇이든, 이 간단한 네 가지 방법은 우리를 무기력 밖으로 끌어내어 통제 안에 있도록 도와줄 것이다. 로버트 코람Robert Coram[55]은 『보이드: 전쟁의 기술을 바꾼 전투기 조종사Boyd: The Fighter Pilot Who Changed the Art of War』에서 이렇게 썼다. "보이드는 … 모든 사람이 전쟁의 어떤 형태를 경험함을 … 깨달았

---

54 OODA 루프는 상당히 복잡한 군사 전략인데, 여기서는 습관을 깬다는 목적 하에 *크게* 수정되었다. OODA 루프의 변형은 흔히 소송 및 비즈니스 세계에서 의사 결정 기술을 향상시키려는 목적으로 사용된다.

55 미국의 기자 겸 작가.

다. … 대인 및 비즈니스 관계에서, 특히 전쟁에서 승리하려면 우리는 사람의 마음에 어떤 일이 일어나는지를 이해해야 한다." '인생은 전쟁이다'라는 표현이 싫다면 자신이 즐겨 쓰는 표현을 떠올려 보라. 전쟁의 은유는 다채롭다. 우리는 몸무게와 전쟁을 치르고, 파괴적인 충동과 싸우며, 멘탈 붕괴를 겪는다. 때로 우리는 자기 자신이 최악의 적이라고 표현한다. 우리가 2장에서 배웠듯이, 사고에 대한 변화나 도전은 행동의 경로를 바꿀 수 있다. OODA 루프의 얼개는 마음챙김의 기술이다. 자신의 사고에 신중한 의식을 더할 때, 우리는 습관적인 사고와 행동의 덫에서 벗어날 수 있다.

관찰하라

할 일 미루기/음주/폭식/기타 등등에 관한 자신의 충동에 주목하라. 그리고 오늘과 지난주에 있었던 일들을 떠올려보라. 무언가가 자신을 속이고 있지는 않은지 자문해보라. 그리고 다시 자신에게 질문하라. 최근에 있었던 일에 대해 나는 실제로 어떻게 생각하고 느낄까? 혼자만 아는 생각과 감정, 그리고 드러나지 않은 고통을 찾아서 살펴봐야 할 상황이 있진 않을까?

상태를 알라

우리가 몸 안에 살고 있음에 주목하라. 몸의 어디가 불편한가? 어쩔 수 없이 해야 한다고 느끼는 것은 무엇인가? 뜨겁거나, 차갑거나, 멍하거나, 활기 넘치거나, 따끔하거나, 긴장하는 느낌에 주목하라. 심박수, 호흡, 체온에 주목하라. 우리의 몸은 우리를 도와주려고 하지 우리를 방해하려고 하지 않는다는 점을 기억하라.

결정하라

자신에게 질문하라. 지금 나의 선택은 무엇일까? 자신이 활용할 수 있는 사람, 장소, 물건을 전부 리스트로 만들라. 가용한 자원들을 활용하여 살짝 여유 있는 느낌을 받는 방법은 무엇일까? 당신은 어떤 행동을 취하겠는가? 실행하기에 가장 쉬운 것부터 가장 어려운 것까지 리스트를 정리하라.

행동하라

리스트의 첫 번째 항목을 실천하라. 그 행위가 충동을 막는 데 소용이 없다면 두 번째 항목을 실천하라. 리스트의 마지막에 이를 때까지 계속하라. 그럼에도 계속 충동을 느낀다면 '관찰하라' 단계로 돌아가서 이 과정을 반복하라.

우리는 작은 자극과 일상의 '소소한' 골칫거리를 쉽게 무시할 수 있지만, 그렇게 되면 숨은 고통은 빠르게 속도를 높일 것이다. 그리고 곧 통제 불능 상태가 될 것이다. OODA 루프는 이런 감정의 소용돌이를 막아준다. 자신만의 OODA 루프를 실천할 때, 영국 문학의 아이콘 새뮤얼 존슨Samuel Johnson의 이 말이 도움이 될 것이다. "습관의 사슬은 그것이 너무 단단해서 깨지지 않기 전까지는 너무 가볍기 때문에

OODA 루프 노트

관찰하라: 나는 이 상황을 실제로 어떻게 생각하는가?

상태를 알라: 내 몸 안에서는 어떤 일이 일어나는가?

결정하라: 나의 선택은 무엇인가?

행동하라: 그 결정으로 어떤 느낌을 받았는가? 다른 무언가를 할 필요는 없는가?

느껴지지 않는다."

편안한 길은 없다

FAA 매뉴얼에 기초한 우리의 첫 번째 논의는 자기 보호라는 중독의 기능에 초점을 맞췄다. 그리고 두 번째 논의는 진실과 OODA 루프를 활용하여 위험한 상황을 바로잡고 피하는 방법을 제시했다. 마지막으로 세 번째 논의는 심리적·생리적 요소가 우리의 대처 능력을 능가할 때 어떻게 할 것인지를 이야기한다.

우리가 해로운 물질과 나쁜 습관에 중독되는 이유는 그것을 멈추려고 할 때 우리의 몸이 충동적인 욕구에 압도되기 때문이다. 우리의 뇌는 대처하려고 하지만, 우리는 결국 욕구에 굴복한다. 금단 증상은 "내 결정은 좋았어!" 와 "나한테 건강한 새 습관이 생겼어!" 사이에서 나타나는 불편하지만 필요한 과정이다.

금단 증상은 강력한 약물에 기대는 사람에게만 나타나는 게 아니다. 사람, 장소, 사물, 행동, 물질 등 우리의 뇌에 줄곧 저장되어 있는 것이라면 무엇이든 상관없이 금단 증상을 불러올 수 있다.

금단 증상은 가벼운 불편부터 심신을 지치게 하는 공황, 메스꺼움이나 편두통 같은 생리적 증상까지 아우를 수 있다. 이는 극히 정상적인 신체 반응이다. 중독(과 나쁜 습관)을 바꾸려면 금단 증상과 해독 단계를 거칠 준비가 되어 있어야 한다. 우리를 무기력에 벗어나지 못하게 하는 가장 큰 미신 중 하나는 좋은 결정을 내리면 좋은 느낌이 바로 나타난다는 믿음이다. 이러한 기대는 거대한 착각이다. 묘지행 나선 비행 내용에서 확인했듯이, 착각은 곧 충돌로 이어진다. 오래된 습관을 깨려고 할 때 기댈 수 있는 10단계 내용은 다음과 같다. 안전 띠를 채우라.

중독 깨기 10 단계

1. 준비, 이걸 해보자.
2. 와. 내가 건강하게 변하고 있구나.
3. 아야.
4. 아니야, 심각해… 아야.
5. 포기하고 싶어.
6. 한숨… 괜찮아.
7. 이거 지루하네.
8. 나 우울해.
9. 그래도 기분 나쁜 건 덜한 것 같아.
10. 이거 나쁘지 않네.

영화 《프린세스 브라이드The Princess Bride》에서 자주 인용되는 문구는 주인공 웨슬리의 비난조 대사다. "인생은 고통입니다, 전하. 이와 다르게 말하는 사람에게는 다른 꼼수가 있는 겁니다." 이 대사를 살짝 바꾸어 이렇게 말할 수 있다. '중독 깨기는 고통이다. 이와 다르게

말하는 사람한테는 다른 꼼수가 있는 것이다.'

독이 되는 관계, 약물, 행동 등을 끊으려고 해도 처음 며칠 몇주는 정말 힘들다. 너무 오만한 기대를 하면 ('이건 아주 훌륭할 거야!') 고통스러운 현실에 부딪혔을 때 무너지고 만다. 하지만 기대('이건 형편없을 거야')가 현실('그렇지, 이건 정말 형편없어')과 맞으면 OODA 루프를 활용해 통제 상태에 이를 수 있다. 좋은 기분을 얻는 과정에 내키지 않는 순간도 있음을 기억하라. 새로운 습관에 적응하는 중에 무뎌지는 시기를 반드시 경험할 것이다. 이것은 일반적인 현상이다. 바로 이때 우리 뇌가 무뎌진 느낌을 우울한 느낌으로 오인하려고 할 텐데, 그렇게 되지 않도록 끝까지 버티라.

"알았어요, 끝까지 버틸게요. … 그런데 얼마나 오래 걸릴까요?" 대중 심리학에서는 새로운 습관을 만들려면 보통 21일이 걸린다고 주장한다. 그러나 변화 과정에 아주 많은 요인(나이, 건강, 자원 접근성, 재정적 안정성, 동기부여, 유전적 특질 등)이 개입하기 때문에 중독(과 나쁜 습관) 깨기의 타임라인을 그리기란 거의 불가능하다. 『사회 심리학 유러피언 저널European Journal of Social Psychology』지에 실린 한 연구에 따르면, 습관을 18일 만에 바꾼 실험 참가자들이 있는가 하면, 254일 만에 바꾼 참가자들도 있었다. 다만 이를 통해 확인할 수 있는 중요한 사실이 있다. 습관을 바꾸는데 얼마나 오래 걸리는지와는 상관없이, 금단 증상이 '영원히' 지속되지 않는다.

결론: 자신이 생각하는 모든 것을 믿지는 말라

내 개인적인 회복 이야기에는 약물 남용, 섭식 장애, 악성 강박 진행, 위험 행동 중독 등이 포함된다. 중독에서 벗어나기란 쉽지 않지만 그 과정은 단순하다. 우리가 어떤 문제를 마주하건, 중독(과 나쁜 습관)을 바꾸는 데 필요한 기술은 비행 충돌을 막는 데 쓰이는 기술과 같다. 무엇이 실제인지 이해하는 일과 우리가 느끼는 바를 믿는 일 사이의 착오 줄이기 말이다. 여기에는 약간의 훈련과 연습이 필요하지만 노력할 만한 가치가 충분하다.

우리는 뇌를 다시 훈련할 수 있다. FAA 안내서에서는 이렇게 말한다. "비행 중 전정 단위의 착각을 경험한다면, 계기計器들을 믿고 자신의 감각 지각은 무시하라." 비행기에서 '자세계attitude indicator'는 수평선을 기준으로 한 비행사의 자세 위치를 선명한 이미지로 비행사에게 보여준다. 우리의 OODA 루프 표는 우리의 '자세계'와 같다. 자신이 생각하는 바를 무턱대고 믿지 말고, 자신이 지각하는 바가 자신의 현실과 정확히 일치하도록 여유를 가지라.

중독과 나쁜 습관에서 벗어나는 일은 착하게 굴거나 즐거움을 부정하는 일과는 거리가 멀다. 회복은 정직성과 관련 있다. 작가 로버트 풀검의 현명한 지적처럼 "자신이 생각하는 모든 것을 믿지는 말라." 자기 생각과 감정에 솔직하고 착각을 피한다면, 소파나 프링글스 캔 속에 파묻혀 지내지는 않을 것이다. 회복이란 자신의 삶을 자기 것으로 만들고 착각을 피하는 과정이다.

캐럴 피어슨Carol S. Pearson은 『내 안의 영웅을 깨우다Awakening the Heroes Within』에서 이렇게 썼다. "삶이 얼마나 성공적이고 흥미로운지에 상관없이, 그 삶이 진짜 자신의 삶이 아니라면 우리를 절대 행복하게 만들지 못할 것이다. 그리고 그 삶이 진짜 자신의 삶이라면, 우리를 절대 비참하게 만들지 못할 것이다." 보는 것이 늘 믿는 것은 아님을 명심하라. 매들렌 렝글Madeleine L'Engle[56]의 인기 고전인 『시간의 주름A Wrinkle in Time』을 보면, 주인공 메그는 짐승 아줌마Aunt Beast라는 앞을 못 보는 생명체에게 부질없게도 본다는 개념을 설명하려고 애쓴다. 그 개념에 어안이 벙벙해진 짐승 아줌마는 이렇게 대답한다. "우리는 이런저런 게 어떻게 생겼는지 몰라. 우리는 어떤지를 알지. 본다는 건 말이지, 아주 제한된 게 틀림없어." 지당하신 말씀이다.

핵심 정리 ──

• 자신을 속이는 일은 중독과 습관을 계속 살아 있게 만드는 휘발유와 같다.
• 중독에 만병통치약은 없다.
• 중독과 습관은 문제를 일으킬 수 있지만, 문제 그 자체는 아니다.
• 중독과 나쁜 습관은 자기 파괴가 아닌 자기 보호의 목적을 갖는다.

---

56   미국의 작가(1918~2007).

- 중독의 반대는 정직함이다.
- 모든 중독, 강박, 습관의 기저에는 드러나지 않은 고통이 있다.
- 좋은 결정이 좋은 느낌을 바로 주는 경우는 드물다.
- 금단 증상은 바라는 것과 갖는 것 사이의 단계다.

행동 규칙 ——

해야 할 일	하지 말아야 할 일
하루를 마무리하면서 리스트를 만들고 질문하기. 내가 나 자신이나 다른 사람한테 언제 솔직하지 못했지?	오늘은 거짓말한 적 없다고 생각하기. 우리는 모두 매일 거짓말한다. 아주 사소한 거짓말도 거짓말에 들어간다.
다음 질문에 솔직하게 답하기. "나는 내가 더 좋은 기분을 위해 할 수 있다고 아는 일을 늘 하지 않는데, 그 이유는 _____"	할 일을 하지 않는다고 자책하기. 습관을 깨기 쉽다면, 깨야 할 습관이란 게 전혀 없을 것이다.
드러나지 않은 고통을 어디서 얻는지 (자신이 그것 때문에 고통을 받아야 한다고 생각하지 않을지라도) 자신에게 물어보기.	모든 것을 한꺼번에 바꾸려고 노력하기. 한 번에 한 단계씩 진행하라.
금단 증상에 대비하는 목적으로 불편한 시간을 견디게 해줄 사람, 장소, 사물 등의 리스트를 만들기.	금단 증상이 나타나면 포기하기. 불편을 이겨내기란 힘들지만, (약물을 제외한) 나쁜 습관의 극심한 금단 증상이 1~2주 넘게 지속되는 경우는 드물다.

5분 도전 ——

1. 감사한 마음은 오직 진실과 함께할 때 건강하다. 자신이 감사하게 여기는 10가지를 나열해보라.

2. 감사 목록과 더불어 자신이 불만스럽거나, 짜증 나거나, 화가 나

거나, 슬프게 여기는 10가지를 나열해보라(자신이 불만스럽거나, 짜증 나거나, 화가 나거나, 슬퍼해서는 안 될 것 같더라도 말이다).

3. 하루를 마무리하는 시점에서 자신이나 다른 사람에게 한 거짓말을 적어도 하나는 떠올려보라. 자신을 판단하지 말고 의식하기만 하라.

9장

홀로서야
비로소 어른이 된다

어린 앨리스는 구멍으로
떨
어
져
서
머리를 찧었고
영혼에 멍이 들었다.

루이스 캐럴Lewis Carroll의

『이상한 나라의 앨리스Alice's Adventures in Wonderland』 중에서

올리비아는 평소처럼 방금 막 촬영을 마친 아나운서처럼 내 사무실로 걸어 들어왔다. 검정 펜슬 스커트와 빳빳한 흰색 셔츠는 목과 손목에 우아하게 둘러진 멋진 장신구에 아주 매력적인 캔버스 역할을 했다. 흠잡을 데 없는 화장은 완벽한 굴곡의 윤기 있는 머리결과 조화를 이루었다. 하지만 『보그Vogue』지에서 나올 법한 외양과는 다르게, 올리비아는 성인 여성 몸에 들어가 있는 겁에 질린 어린 소녀 같았다.

올리비아는 내 두툼한 담요와 티슈 한 통을 움켜쥐더니 사무실 소파에 자리를 잡고 눈물을 흘리면서 최근에 있었던 데이트 이야기를 꺼냈다. 나이는 서른아홉이었지만, 이상한 나라에 떨어진 앨리스처럼 인생에 당혹스러워하고 있었다. 올리비아는 자신의 의도와 늘 다르게 말했고, 진심을 말한 경우는 거의 없었다. 그렇다고 말하고 싶을 때 아니라고 말했고, 아니라고 말하고 싶을 때 그렇다고 답했다. 원인은 그녀의 아버지였다. 그녀의 아버지는 사형을 일삼는 하트 퀸처럼 그녀의 인생(과 경제 사정)을 흉악하게 지배했다. 평판 좋은 세무사였지만 자신을 더 기분 좋게 할 무언가를 해본 적이 전혀 없었다. 올리비아는 이상한 나라의 앨리스처럼 "보통은 자신에게 아주 좋은 조언을 했다. 그러나 웬만해선 따르지 않았지만."

올리비아의 상태를 임상 용어로 정서적 회귀emotional regression라고 한다. 정서적 회귀는 실제 나이보다 신체적으로 더 작고, 정서적으로 더 어린 느낌을 받을 때를 지칭한다.

이번 장의 주제는 정서적 회귀다. 정서적 회귀란 무엇이고, 우리는 왜 이때문에 무기력에 빠지는지 알아볼 것이다. 그리고 정서적 회귀에서 정서적 성숙으로 나아가는 방법을 살펴볼 것이다. 정서적인 성인이 되면 우리는 더이상 어린아이처럼 놀 필요가 없다. 우리는 머릿속의 못된 목소리로부터 명령을 받지도 않을 것이다. 그리고 보너스하나. 정서적 어른으로서 우리는 전지전능한 부모를 평범한 사람으로 돌려놓을 힘을 갖게 된다.

어른이 되지 못한 어른들

혹시 직장에서 문제에 휩쓸릴까 봐 겁을 먹은 적이 있는가? 부모를 열받게 할까 봐 두려운가? 나는 27살이 될 때까지 아버지를 열받게 하지 않으려고 문신을 타이츠로 숨겼다. 혹시 윤활유 교환이나 치아 세정 같은 어른의 일 때문에 위축되고 굳어버리는가? 부모한테하듯이 파트너한테 허락을 받아야 한다고 느끼는가? 다음 표는 정서적 회귀와 정서적 성숙의 차이를 보여준다.

정서적 회귀의 징후	정서적 성숙의 징후
우유부단하다.	정서적 성인은 피드백을 요청하고 선택사항을 따지지만, 자신에게 결정 권한이 있다는 느낌을 궁극적으로 갖는다.
사람들을 화나게 만들까 봐 두려워한다.	정서적 성인은 다른 사람의 감정을 관리할 책임을 지지 않는다. 정서적 성인은 갈등을 요령 있게 살피고 경계를 세울 수 있다.
아니라고 말하지 못한다.	아니라고 자신 있게 말한다.
감정을 폭발한다.	감정을 조절한다. 반응하기보다는 대응한다.
'사랑받는' 자녀, 직원, 친구 등이 되고 싶다.	모든 사람은 가치 있고 인생은 제로섬 게임이 아니라는 사실을 안다.
자신을 절대 능숙하다고 느끼지 않는다. 가면증후군이 있다.	자신의 약점과 강점을 인정한다.
꿈을 좇는 데 두려워한다. ― '다른 사람들'이 뭐라고 생각할까?	사람들을 실망하게 한다고 해도 자신의 꿈을 향해 자신 있게 움직인다.

정서적 어른이 되려면 자아의 크기를 일정하고 알맞게 유지할 필요가 있다. 루이스 캐럴은 『이상한 나라의 앨리스』를 썼을 때 정서적 회귀를 이해했던 것 같다. 앨리스는 캐터필러에게 "하루에 크기를 아주 여러 번 바꾸는 게 너무 혼란스러워."라고 말한다. 우리는 하루에 다른 크기를 몇 번이나 경험할까?

생각해 보자. 상사가 자기 사무실로 호출하면 겁이 나서 기가 죽겠지만, 나중에 저녁이 되어 졸린 자녀한테 책을 읽어주면 유능한 어른 같은 느낌이 들 수 있다. 아침에는 어머니한테 체중 문제로 잔소리를 듣는 감정 변화 심한 16살 같은 느낌이 들겠지만, 한낮에는 영업 회의에서 끝내주는 역할을 한 강력한 전사가 될 수 있다. 누구나 자아의 크기 변화를 다양하게 겪는다. 정서적 회귀가 강해지면, 성인은 울보 아기, 뚱한 10대, 소리 지르는 걸음마 아기로 변한다.

명절이 되면 우리는 아이로 돌아간다

추수감사절부터 새해 전날까지의 정서적 변화를 떠올려보자. 7장의 가족 역학에 관한 내용에서 살펴봤듯이, 한 해 중 정서적 회귀가 가장 잘 나타나는 시기는 연말 연휴 기간이다. 납세 기간이 회계사에게 중요하듯이, 연말 연휴는 치료사들에게 대목이다. 전화기는 쉴새 없이 울리고 이메일함은 가득 차며, 대기자 명단은 확 늘어난다. 연휴 때 집에 가면 몇 살처럼 느껴지는가? 문화적 기대와 연말 연휴의 현실 사이에는 넓고 깊은 괴리가 있다. 사람들은 자신이 행복해야 한다고 생각하기 때문에, 정서적 고통에 시달린다. 쉴새 없이 쏟아지는 밝은 메시지를 떠올려 보라.

"즐거운 성탄절이야…"

"기쁘다 구주 오셨네…"

"기뻐하라! 기뻐하라!"

"세상은 고요하고, 세상은 환하며…"

"세상의 평화, 모든 이에게 온정을…"

거리에 온통 긍정적이고 용기를 주는 음악이 깔린다 해도, 연말 연휴는 우울감이 급상승하고 자존심이 곤두박질치는 시기다. 정서적 회귀는 연말 연휴 우울증의 유일한 원인은 아니지만, 기여 요인 리스트에서 상위를 차지한다. 정말 바라는 건 혼자만의 저녁 시간인데 가족의 휴일 파티에 마지못해 참가하는 경우가 얼마나 자주 있는가? 엄마가 성질을 낼까 봐 겁나서 가겠다고 말한다면, 그게 정서적 회귀의 징후다.

차라리 집에 머물면서 테이크아웃 음식을 시키고 싶은데, 파트너의 가족과 함께하는 또 다른 실망스러운 추수감사절에 끌려가게 된 적이 얼마나 많은가? 쌀쌀맞은 시어머니/장모님을 달래겠다는 생각만으로 가겠다고 한다면 정서적 회귀가 이유일 수 있다. 우리는 11월과 12월을 풀이 죽어서 무기력한 상태로 있다가 새해가 밝으면 다시 어른이 되기로 단호한 결심을 내린다. 그러다가 봄이 오고 그 결심을 잊고 있다 보면 어느새 수치심에 휩싸인다. 그리고 연말 연휴가 다시 찾아오면 예전의 행동 주기를 다시 시작한다. 회귀, 다짐, 반복.

존 리John Lee는 『다시 성장하기Growing Yourself Back Up』에서 이렇게 적었다. "회귀는 우리 문화에 상당히 만연해 있어서 사람들은 대부분 회귀하는 과정에, 즉 회귀 중에 있거나 최근에 회귀에서 벗어난 상태다. … 자신과 다른 사람의 회귀에 대처하는 방법을 배우는 일은 앞으로 배울 가장 가치 있는 기술이 될 것이다." 인생의 어떤 영역에서 건 무기력을 느끼고 있다면, 정서적 회귀가 주된 역할을 하고 있을 가능성이 크다. '다시 성장하기' 과정을 시작하려면, 자신을 실제 나이보다 더 어리게 느끼게 만드는 사람, 장소, 사건을 모두 떠올리라. 우리는 다음 형식을 활용하여 (혹은 자신만의 형식을 만들어서) 목록을 만들 수 있다. 다음 문구를 노트에 옮겨 적어서 (그리고 필요한 만큼 반복해서) 자신의 '회귀 리스트'를 만들라.

나는 (어머니/아버지/상사/배우자/친구)가 ＿＿＿＿＿＿＿＿＿
(이)라고 말할 때/을(를) 행동할 때 ＿＿＿＿＿＿＿ 살처럼 느낀다. 내가 성장하고 강하다는 느낌이 들면, 나는 대신에 ＿＿＿＿＿＿＿
＿＿＿＿＿(이)라고 말할 것이다/을(를) 행동할 것이다. 하지만 ＿＿＿
＿＿＿＿＿＿이(가) 일어날까 봐 두렵기 때문에 그렇게 하지 않는다.

여기서 만든 리스트는 이번 장 후반부에 다시 활용하겠다.

다음으로 '어떤 상황이 일어나야 하는가'를 알아보자. 어떤 상황이란 바로 정서적 아동기에서 정서적 성인기로의 성공적인 변화다(자신의 변화가 완벽하지 않게 느껴지더라도 수치스러워하지 말라. 걱정할 필요가 없다). 그러고 나서 우리는 정서적 회귀의 원인을 따져보고, 우리를 무기력한 상태에 머물게 하는 다양한 미신을 살펴볼 것이다.

이 과정을 모두 통과하면 우리는 자신을 정서적 회귀 밖으로 안내하는 지도를 얻을 것이다. 여기서 주의할 사항. 이 방법은 약간의 노력을 요구하지만, 최종단계에서 얻는 보상은 그 노력을 우습게 보이게 만들 정도로 크다.

청소년기의 연금술

영국왕립화학회에 따르면, "연금술사들의 목적은 세 가지다. 지식의 돌(현자의 돌)을 찾는 것, 영원한 젊음을 발견하는 것, 금속의 변성을 발견하는 것[납을 금으로 바꾸는 것]." 여러 종교 전통에서 연금술은 고통을 힘으로 바꾸고, 엉망인 상황을 메시지로 바꾸며, 트라우마를 승리로 바꾸는 과정을 설명하는 은유로 쓰였다. 연금술사는 원재료에서 무한의 가치를 지닌 무언가를 만들어내려고 한다. 이는 마술적이고 신비로운 과정이다.

성장도 마찬가지다. 파울로 코엘료Paulo Coelho가 써서 세간의 찬사를 받은 소설 『연금술사The Alchemist』에서 주인공은 이렇게 말한다. "이게 연금술이 존재하는 이유야. … 그래서 모든 사람이 자신의 보물을 찾아 나서고, 발견하고, 그러고는 전생의 자신보다 더 나아지고 싶어 할 거야." 연금술은 아동기에서 성인기까지 우리의 발달 여정을 표현한다. 우리는 아동기를 선택할 수 없었지만, 원재료로 무엇을 할지는 반드시 결정하게 된다. 청소년기는 (이상적으로는) 아동기의 원재료가 처리되어 근사한 기능을 하는 성인기로 변하는 시기다. 하지만 이 과정은 순탄치 않다. 때론 벽에 막혀 멈춰야 할 때도 있다. 이것은 우리의 잘못이 아니다. 보호자, 금전, 특권, 트라우마, 그리고 우리의 통제 밖에 있는 수많은 요소가 그 과정에 개입하기 때문이다.

아동기와 성인기 사이에는 명확한 구분선이 없기 때문에, 인생의 모든 영역에서 동시에 성인으로 변신하기란 불가능하다. 우리는 재정적 여유가 고1 수준이지만 멋진 부모일 수 있다. 직장에서는 일을 끝내주게 처리하지만 치실질은 서툴 수 있다. 우정을 유지하는 데는 문제가 없지만, 친밀감이 두려울 수 있다. 인간은 누구나 적어도 한 가지 영역에서는 무기력에 봉착한다.

해리스 페이즐Harris C. Faigel[57] 박사는 『연금술: 청소년기는 어떻게 어린이를 성인으로 바꾸는가Alchemy: How Adolescence Chages Children into Adults』에서 이렇게 이야기한다. "청소년기는 연금술처럼 어린이를 성

---

[57]   미국의 소아과 전문의.

인으로 바꾸는 거의 마법 같은 과정이다. 시간을 통한 개인의 여정으로서 어렵고 힘든 탐험 여행인데, 가끔은 격렬하고 가끔은 따분하다. 청소년기는 다리로서, 유년기에서 성인기로의 여행을 가능하게 만드는 연금술적 변화다."

청소년기가 성인기로 가는 다리라면, 그 다리 위에는 꼼짝 못 하고 서 있는 여행자들로 가득 차 있을 것이다. 다행히 정서적 회귀가 신체의 퇴보가 아니라 정신 상태의 문제이기 때문에 그 다리에 영원히 머무를 필요가 없다. 아인슈타인이 말했듯이 "시간과 공간은 우리의 생각을 이끄는 형식이지, 우리가 존재하는 조건은 아니다." 시간과 공간이 사고라면, 우리에게 그것들을 바꿀 힘이 있다는 의미다. 정서적 회귀를 뒤집어서 정서적 성인기로 돌아가는 일은 틀림없이 가능하다. 앨리스는 토끼굴에 떨어진 후 정서적으로 성장하여 집으로 가는 길을 찾았다. 우리도 똑같이 할 수 있다.

심리적 향수병

정서적 회귀는 심리적인 향수병 때문에 일어난다. 마야 안젤루는 이렇게 적었다. "우리는 모두 집에 대한 그리움을 가슴 속에 품고 있다. 그곳은 우리가 있는 그대로 의심받지 않고 향할 수 있는 안전한 장소다." 하지만 집은 뻔뻔한 장식물이 우리에게 '살라, 웃으라, 사랑하라'라고 지시하는 오프라인 소매점 구조물이 아니다.[58] 리첼 굿리치]Richelle E. Goodrich[59]는 이렇게 썼다. "집은 '나는 너를 알아' '나는 너를 인정해' '나는 너를 용서해' '나는 너를 사랑해'라는 표현이 가장 많이 들릴 법한 곳이다." 그런데 이러한 표현을 자신에게 들려줄 필요가 있는 가장 중요한 사람은 바로 자기 자신이다. 심리적으로 '향수'를 느끼는 성인은 정서적으로 회귀하고, 오로지 내면에서 찾을 수 있는 것을 밖에서 찾는다. 자신의 마음과 몸 안에서 사는 것이 안전하다고 느끼기 전까지는 정말로 집처럼 느껴지는 장소는 없을 것이다.

우리의 몸은 부모나 대가족과 어우러져 한집에서 살 것이다. 우리의 몸은 배우자와 자녀와 함께 한집을 꾸려서 살 것이다. 여기에 잘못된 점은 없다. 하지만 무기력에서 벗어나려면 집에서도 의식적인 노력이 필요하다. 페미니스트 선구자인 베티 프리던Betty Friedan은 이렇게 말했다. "자신을 완성하기보다는 다른 누군가에게 대리 만족을 하며 사는 편이 더 쉽다. 자기 인생을 이끌고 계획하는 자유는 접해 본 적이 한 번도 없다면 무서운 일이다. 여성이 '나는 누군가'에 대한 질문을 맞닥뜨렸을 때, 끝내 자기 내면의 목소리를 빼면 답이 없음을 깨닫는 일 또한 무섭다." 다 큰 성인으로서 자신을 알아가는 여정은 ― 성별에 상관없이 ― 영웅의 여정과 같다.

'영웅의 여정'은 조지프 캠벨을 통해 대중화한 개념이다. 우리가 좋

---

58 구글에 '살라, 웃으라, 사랑하라(live, laugh, love)'를 검색하면, 4억 5천7백만 건의 검색 결과가 나오는 동시에 벽에 거는 장식품, 장식 소품, 커피 머그잔 등이 수없이 보인다.

59 미국의 작가 겸 소설가(1968~).

아하는 이야기들은 대부분 이 모티프를 쓴다. 영웅은 집을 떠나서 장애물을 만나고, 이후 더 현명하고 더 성숙하며 자신을 더 깊이 이해한 상태로 기세등등하게 집으로 돌아온다. 『천의 얼굴을 가진 영웅 The Hero with a Thousand Faces』에서 캠벨은 이렇게 적었다. "영웅의 여정은 깊이를 찾는 용기, 신선한 부활의 이미지, 우리 안의 영원한 변화 사이클, 탐구자가 알길 바라는 신비란 바로 자기 자신이라는 이상한 발견 등을 아우른다." 영웅의 여정에서는 정서적 아동기에서 정서적 성인기로 변화하는 것이 포인트다. 우리는 다음과 같은 상황에서 자신이 목적지 근처에 왔음을 깨달을 것이다.

- 해로운 관계에서 벗어날 용기가 날 때
- 음식, 수면, 섹스와의 관계성이 (대부분) 평화롭게 느껴질 때
- 남의 판단을 두려워하지 않고 의도한 바를 말할 때 (그리고 말한 바를 의도할 때)
- 자기 의사가 확실할 때
- 자기 대화가 인정 넘치고 친절할 때
- 결정 권한을 가진 듯할 때
- 더 이상 '곤란에 처할까 봐' 두려워하지 않을 때
- 내면의 조언을 받아들일 때

이 단계까지 오면 내담자들은 보통 이렇게 말한다. "알겠어요. 어느 정도 이해가 가네요. 저는 제가 성인이라는 느낌을 못 받아서 무

기력한 상태인 거죠. 저의 몸 안에서는 집에 있는 듯한 느낌이 안 들어요. 이해했어요. 하지만 이제는 뭐죠? 집에 가는 길을 어떻게 찾죠?"

성장을 가로막는 미신들

5장과 6장에서 우리는 아이와 어른의 관계를 구별하는 방법을 배웠다. 여기서도 같은 구별 과정을 활용할 것이다. 정서적 아동기에서 정서적 성인기로 가는 길목을 막아선 주된 미신으로는 다음과 같은 네 가지가 있다.[60]

1. 무조건적인 사랑 (성인들은 이것을 주고받게 된다는 신념)
2. 무조건적인 신뢰 (성인 관계에서는 이것을 필요로 한다는 신념)
3. 선함 (선한 사람과 나쁜 사람에 대한 신념)
4. 순수함 (인생은 행복하고 훌륭할 뿐이라는 신념)

항의하는 의미에서 이 책을 방 저편에 던져버리고 싶다면, 성인기

---

60 모든 아이가 이 신념들을 경험하게 되지는 않는다. 나는 그렇지 않았고, 당신도 그렇지 않을 수 있다. 아동기의 트라우마는 순수함, 선함, 무조건적인 사랑과 신뢰를 믿는 능력을 망친다. 자신이 처한 환경이 순수한 생각이 주는 이점을 앗아간다면, 다음 내용으로 건너뛰라.

아동기에 갖는 이상	성인의 현실
나는 무조건적인 사랑을 받아!	심리학자이자 베스트셀러 작가인 앨리스 밀러 (Alice Miller)는 자신의 책 『천사가 될 수밖에 없었던 아이들의 드라마(The Drama of the Gifted Child)』에서 이렇게 이야기한다. "우리는 성인으로서 무조건적인 사랑을 필요로 하지 않는다. ... 이건 아동기에 필요한 것이고 나중에 인생에서 절대 충족될 수 없는 것이다." 사랑의 건강한 표현은 모두 조건을 요구한다. 우리에게 성인으로서 무조건적인 사랑을 줄 수 있는 유일한 사람은 바로 자기 자신이다.
나는 사람들을 무조건적으로 신뢰해!	사람들은 모두 인간이고, 완벽한 인간은 없다. 6장의 내용은 무조건적인 신뢰가 건강한 성인 관계에 필요하다는 — 혹은 현실적이라는 — 미신을 지워낸다.
선함은 중요해! 인생에는 선한 사람과 나쁜 사람이 있지.	모든 게 선하거나 모든 게 나쁜 사람은 없다. 정서적 성인이라면 우리 모두의 내면에 선한 부분과 별로인 부분이 균형을 이루고 있음을 인정한다.
순수함은 중요해! 인생에서 나쁘거나 불공평한 일은 일어나지 않아!	순수함은 소수의 아주 행복한 아이들에게서만 나타나는 재능이다. 정서적 성인은 아이처럼 놀라움과 즐거움을 경험할 수 있지만 순수함은 아니다. 성인으로서의 순수함은 고통의 실체를 인정하는 일과 공존할 수 없다. 정서적 어른은 인생의 더 가혹한 현실을 의식한다.

에 얻는 보상이 아동기에 얻는 비금전적 혜택보다 훨씬 더 크다는 점을 기억하라. 아동기의 이상에서 벗어나는 일은 고통스럽지만, 우리는 정서적 성인으로서 다음 사항을 결정하게 된다.

- 누구와 데이트를 하거나 친구가 될 것인가
- 언제 무엇을 얼마나 먹을 것인가
- 어디에서 살 것인가 (그리고 어디에서 연말 연휴를 보낼 것인가)
- 어떻게 자녀들(인간들 그리고 반려동물들)을 양육할 것인가
- 언제 꿈을 좇을 것인가

기억하라. 정서적 성인으로서 우리는 어릴 때보다 더 자유롭게 꿈을 꾸고 별난 욕구를 탐닉하는 자유를 더 많이 얻을 것이다. '변화의 여왕'이자 『아티스트 웨이』의 저자로 알려진 전설적인 인물 줄리아 캐머런은 창의성의 측면에서 무기력에 빠졌을 때 도움이 될 수 있는 '아티스트 데이트'라는 방법을 강구했다. "아티스트 데이트는 자신에게 흥미를 주는 무언가를 일주일에 한 번 혼자서 즐겁게 파고드는 것이다." 정서적 성인은 아티스트 데이트처럼 자신이 무언가를 하도록 허락하는 데 죄책감이 없다. 정서적 성인기는 아이처럼 놀라거나, 상상하거나, 불가사의에 기대는 일을 금하지 않는다. 하지만 정서적 성인기는 아동기의 발달 단계가 끝났다는 사실을 우리에게 인정하라고 요구한다.

우리는 어른이 되어서도 화려한 색상의 연말 선물 꾸러미를 즐겁게 뜯어볼 수 있다. 레고를 마음껏 갖고 놀 수도 있고, 토요일 아침에 애니메이션을 보면서 시리얼을 먹을 수도 있다. 물웅덩이에서 물을 튀기고, 거대한 담요 요새를 만들며, 분장 놀이를 하고, 반딧불이를 좇아다닐 수도 있다. 우리 모두에게는 탐구하고 놀기를 너무나 좋아하

는 '내면의 아이'가 있다.

하지만 실제로는 아빠가 집에 와서 캐치볼을 같이 해주길 바라는 10살짜리 아이로 돌아갈 수는 없을 것이다. 생일 초 앞에서 소원을 비는 5살짜리 아이, 혹은 첫 키스를 앞두고 조마조마한 10대 초반 아이의 흥분을 온전히 느끼지는 못할 것이다. 만약 어린 시절이 고통스러웠다면, 그 시절로 돌아가서 다시 살고 싶지 않을 것이다. 반면에 어린 시절이 즐거웠고 지금이 그렇지 않다면, 지금 상태를 벗어나려고 할 것이다. 결국 정서적 회귀는 다음 두 가지 중 하나의 결과다.

(A) (어린 시절이 행복했다면) 아이로 남아 있으려고 하는 경우

혹은

(B) (어린 시절이 이상에 미치지 못했다면) 어린 시절을 다시 만들려고 하는 경우

이번 장 초반에 언급한 올리비아는 '파파걸'로 계속 있기를 선택했기 때문에 무기력에 빠졌다. 정서적 회귀는 올리비아에게 무조건적인 사랑과 보살핌에 대한 환상을 안겼는데, 그 대가는 컸다. 자신이 '구조될' 필요가 있다는 믿음이 그녀의 연금술적 변화를 방해했다. 나는 사고방식 전문가 사샤 하인즈 박사와 함께 '정서적 성인 되기' 워크숍을 진행하는데, 우리 둘은 정서적 회귀에서 벗어나는 험하면서

도 보통은 불편한 길로 용감한 여행객들을 안내한다. 정서적 성인으로서 우리는 '백기사'가 필요하지 않다. 바로 우리 자신이 백기사가 되어야 한다.

애도 작업, 집으로 향하는 길

정서적 회귀를 뒤집는 유용한 방법에는 애도grief가 있다. 잠깐만요, 뭐라고요? 회귀의 해결책이 애도라고요? 애도는 '그저 긍정적으로 생각하라'는 행복 세계에서는 기피하는 표현이다. 우리는 누군가가 죽지 않는 이상 애도하지 않고, 이 경우에도 잠시만 애도한 후 '나아가서 자기 인생을 살 것'으로 기대한다. 하지만 애도는 정서적 회귀의 주문을 깨는 비밀 무기다. 애도는 일련의 과거로부터 우리를 자유롭게 한다. 애도는 우리의 가장 진정한, 어른다운, 마법의 자아로 향한 문을 연다.

우리는 과거를 애도함으로써 과거를 반복한다는 강박에서 벗어날 수 있다. 우리의 어린 시절이 트라우마로 남았다면, 애도 작업이 트라우마를 처리하는 데 도움이 된다. 우리의 어린 시절이 괜찮거나 행복했다고 해도, 애도는 유용하다. 우리의 뇌는 애도 작업을 통해 무조건적인 사랑, 신뢰, 선함, 순수함을 매듭지을 수 있기 때문이다.

애도 작업은 우리의 뇌에 이렇게 말한다. "다른 누군가로부터 완전히 보호받는 시간은 끝났어. 이제 네가 통솔할 차례야." 정서적 아동기에서 정서적 성인기로 변화할 때는 과거를 존중하면서도 영원히 잠들게 하는 작업이 필요하다. 중요한 마무리에는 모두 애도의 과정이 필요하다.

애착 이론의 아버지이자 정신의학자인 존 볼비는 이렇게 썼다. "의식적인 애도를 오랫동안 하지 않는 성인은 보통 자급자족이 가능한 사람으로서, 자신의 독립성과 자제력을 자랑으로 여긴다. … 하지만 의식적인 애도를 전부 피하는 사람 중 일부는 머지않아 무너지게 된다. 이때는 보통 일종의 우울감이 동반된다." 인생의 어떤 영역에서 무기력에 빠져 있다면, 어느 정도의 의식적인 애도는 중요하고 확실한 탈출 도구가 된다.

안타깝게도 현대 사회는 애도에 정말 서투르다. 애도는 우리의 취약함을 상기시키기 때문에 불편하다고 여겨진다. 그러나 애도는 권력, 지위, 부 등을 따지지 않는다. 애도는 — 어느 순간 — 우리 모두에게 반드시 필요하다. 메건 더바인Megan Devine[61]은 『슬픔의 위로It's OK That You're Not OK』에서 이렇게 썼다. "우리는 기억할 필요가 있는 것은 모든 애도를 존중하는 일이다. 작든 작지 않든, 인생을 바꾸든 순간을 바꾸든, 모든 상실을 존중하라. 그리고 나서 그러한 상실들을 비교하지 않는 일이다. 모든 사람이 고통을 겪는다는 사실은 무엇에든 약이 되지 못한다." 어린 시절의 마지막은 — 좋든 나쁘든 — 존중해야 하

61　미국의 심리치료사이자 작가.

는 애도의 범주에 들어간다. 어린 시절을 전혀 기억하지 못한다고 해도, 다음처럼 생각하는 일이 중요하다. "내 인생에서 이 시기는 끝났어. 나는 돌아가서 그 시절을 다시 살지 못하는 거야. 나는 더이상 어린 시절에 남아 있지 않아. 내가 내 모든 감정을 느끼고 크고 작은 모든 상실을 애도하도록 허락하는 거야."

정서적 회귀는 어린 시절의 끝을 받아들이지 않을 때 일어난다. 하지만 어린 시절이 지나갔음을 정말로 받아들인다고 해도, 애도를 잘못 이해하면 무기력에 빠질 수 있다. (1장에서 살펴본 것처럼) 정신건강의 시작이 현실에 대한 몰입이라면, 애도의 과정에 들어섰을 때 미신을 현실과 분리하는 작업은 매우 중요하다.

애도의 미신 대 애도의 현실

미신	현실
시간은 모든 상처를 치유한다.	시간은 모든 상처를 치유하지 않는다. 우리는 2년, 5년, 아니면 20년 전에 일어난 일에도 강한 감정을 가질 수 있다. 치유 과정은 상처를 치유하는 것이지 시간의 경과가 아니다.
우리는 마무리를 지을 필요가 있다'	마무리는 다른 사람한테 달린 게 아니다. 마무리는 내적 과정이다. 자신과의 관계에 관한 것이다. 다른 누군가가 자발적이거나, 미안해거나, 살아 있는지에 달려 있지 않다.
죽은 사람을 흉보지 말라.	이 충고는 기원전 6세기 철학자인 스파르타의 킬론(Chilon of Sparta)으로부터 유래했다.* 시대가 변했다. 우리는 죽은 사람한테 화를 내도 된다.

과거는 과거에 묻어두어야 한다.	과거는 처리될 때까지 현재에 머무른다. 과거는 우리의 몸 안에 있다. 우리는 그동안 경험한 모든 것을 갖고 살아간다.
용서해야 치유할 수 있다.	용서는 정신적 이상이지만, 트라우마를 치유하거나 애도를 처리하는 데는 필요하지 않다.
가는 대로 내버려 두어야 한다.	단편적인 기억들(우리가 기억하는 것들)은 우리의 몸속에 저장된다. '가게 내버려 둘' 수 없다. 우리의 경험은 우리 생리의 일부가 된다.
우리는 과거를 바꿀 수 없다.	우리는 과거에 관한 무엇이든 바꿀 수 없다. 하지만 과거의 기억이 우리의 뇌에 저장된 방식은 모두 바꿀 수 있다.
그들은 일부러 나를 상처 주려고 했던 게 절대 아니다. 그러니까 기분 나빠해서는 안 된다.	의도가 결과를 취소하지 못한다. 내가 내 차로 당신을 칠 의도가 없었다고 해서 당신의 다리가 안 부러지지는 않듯이.
애도는 다섯 단계로 일어난다.	엘리자베스 퀴블러로스(Elisabeth Kübler-Ross)의 '애도의 5단계' 이론은 애도가 아니라 죽음에 관한 것이다. 그녀의 연구는 상실을 마주한 아끼는 상대가 아니라 죽음을 앞둔 말기 환자에 초점을 맞췄다. 애도는 위아래, 앞뒤로 요동치는 소용돌이다. 깔끔하고 확실하게 정리된 단계는 없다.

위 표에서 마지막 부분을 복기할 만하다. 애도는 단계별로 일어나지 않지만, 지금도 '애도의 5단계' 모델이 애용되는데, 5단계 모델은 애도가 아닌 죽음에 관한 것이다. 그러니 5단계 모델 대신에 J. 윌리엄 워든J. William Worden[62]이 고안한 '과제' 접근법을 고려해 보라.

워든이 제시한 애도 모델의 네 가지 과제는 치료사, 코치, 상담사들에게 딱 맞는 최신 기준이다. 여기서는 어린 시절을 애도하는 작업에 맞춰서 워든의 표현을 바꿀 텐데, 워든 모델의 원래 형태는 다음과 같은 과제를 제시한다.

워든의 애도를 위한 4가지 과제

1. 상실의 현실을 받아들이기
2. 애도의 고통을 처리하기
3. 고인 없는 세상에 적응하기
4. 새로운 삶에 정착하는 동안 고인과의 지속적인 관계 찾기

앨리스 밀러의 말처럼 "우리는 정신질환을 이겨내기 위해 지속적으로 쓸 수 있는 무기가 단 하나뿐임을 경험을 통해 배워왔다. 그것은 바로 어린 시절의 개인적이고 특별한 이야기에 담긴 진실을 정서적으로 발견하고 정서적으로 인정하는 일이다." 정신질환 때문에 고생하지 않는다고 해도 무기력한 느낌에 따르는 불편함은 모든 사람이 안고 있다. 무기력함을 이겨내기 위해 '지속적으로 쓸 수 있는 무기'란 어린 시절이 ─ 멋지든 끔찍하든 ─ 끝났다는 진실을 기꺼이 받아들이는 일이다. 그렇게 해야지만 아동기에서 성인기로 가는 다리를 건널 수 있다. 애도의 목적은 과거를 바꾸는 게 아니다. 부모를

62　미국 출신의 학자이자 미국심리학회APA의 전문회원.

비난하는 일과도 무관하다. 용서를 요구하지도 않는다. 애도의 목적은 홀로 집에 가는 길을 찾는 데 있다.

다음 표는 '애도의 4가지 과제'를 바꾸어 표현한 내용이다. '기록을 위한 프롬프트' 의 지시에 따라 노트를 작성해 보라.

	애도 과제	기록을 위한 프롬프트
1	어린 시절이 끝났다는 현실을 받아들이라. 일어난 일은 일어난 것이다.	어린 시절에서 좋았던 부분과 좋지 않았던 부분을 모두 적으라. 그리고 경험한 것과 경험하지 않은 것을 적으라. 이 리스트는 '의식(Ritual)'을 다룬 내용에서 다시 활용할 것이다.
2	2. 어린 시절과 관련된 모든 느낌을 (그리고 그것의 최후를) 기꺼이 느끼도록 하라.	과제 1에서 적은 각각의 내용과 관련하여 자신이 실제로 느낀 바를 적으라. 비겁하게 굴거나 상처를 받을까 봐 걱정하지는 말라. 이 연습은 자기만 보라고 하는 것이다.
3	3. 자신의 가치를 반영하여 친구, 가족과의 새로운 경계를 설정하라.	이번 장의 앞쪽에서 자신의 회귀 리스트를 모두 적었다면, 그 리스트로 돌아가라. "내가 성장하고 강하다는 느낌이 들면, 나는 대신에 _____(이)라고 말할 것이다/을(를) 행동할 것이다." 이 문장이 우리가 지금 구현하고자 하는 경계다. 경계 설정이 관계를 바꾼다면, 정서적인 성인은 다른 사람의 불만, 좌절, 비판에 대처할 수 있음을 기억하라.
4	4. 자기 삶의 고삐를 쥐고, 자신의 사고, 감정, 꿈을 바탕으로 결정하라.	성인기의 이점에 초점을 맞추라. 어린 시절에는 선택이 불가능했지만 지금은 가능한 사람, 장소, 사물 등에는 무엇이 있는가?

사람들은 대부분 '어린 시절이 끝났다는 현실을 받아들이라'는 과

제 1에서 막힌다. 현실을 받아들이라는 게 무슨 뜻일까? 우리의 뇌가 어린 시절이 종료되었다는 메시지를 기록할 수 있다는 의미다. 하지만 우리는 이 메시지를 뇌에 어떻게 보낼까? 성인기의 이점에 초점을 맞추는 것이 한 가지 방법이 될 수 있다. 이때 하기^{Do}/되기^{Be}/갖기^{Have}DBH 리스트를 만들면 진행이 수월해진다.

DBH 리스트는 자신이 하고 싶은 것 20가지, 자신이 갖고 싶은 것 20가지, 자신이 되고 싶은 것 20가지를 정리한 목록이다. 과제 1에 접근하는 또 다른 방법이 있다면, 바로 의식^{ritual}을 만드는 것이다. 태곳적부터 여러 문화에서는 의식의 힘을 이용하여 종결과 전환을 명시해 왔다.

애도 과정에서 의식을 사용하는 방법

미국인들은 졸업 파티라는 의식을 통해 고등학교에서 대학교로의 전환을 받아들인다. 우리는 생일 파티라는 의식을 통해 우리가 이 지구에 도착한 날을 축하한다. 이밖에도 16살 생일 파티, 결혼식, 세례식, 유대교 성인식 등은 모두 전환 의식의 예다. 하지만 서양 의례는 보통 감정적이고 의미를 중시하는 한편 전환을 명시하고 종결을 존중하는 데 특별한 도움이 되지는 않는다. 통과의례가 목적이 아닌 부모와 파티에 더 집중하다 보면 포인트를 놓치고 틀에 박히기 쉽기 때문이다. 민족지학 연구(사람들의 생활 방식에 관한 연구)에 따르면, 통과

의례는 분리separation, 임계liminality, 통합incorporation의 3단계를 아우를 필요가 있다.

분리 단계

이는 존재하는 현실로부터 떨어진 시점을 가리킨다. 여기서 그 현실이란 어린 시절이다. 우리는 어린 시절의 요소들을 유지할 수 있지만, 그것을 떠나보내고 뒤에 남은 것(어린 시절의 이상)을 인정해야 하는 분리 시기가 있다.

임계 단계

불확실한 중간 단계로서, 있었던 곳을 떠났지만 가려고 하는 곳에는 확실히 닿지 못한 상태를 가리킨다. 무기력에 빠지면 임계 단계에 있을 확률이 높다. 애도는 우리가 임계 단계에서 통합 단계로 나아가는 데 도움이 된다.

통합 단계

분리와 임계 단계를 거치고 나면 이제 인생의 새로운 국면, 즉 정서적 성인기에 정착할 수 있다.

현대의 의식은 대부분 이 3단계를 아우르지 않기 때문에, 우리는 자기만의 의식을 치르게 된다. 엘리자베스 길버트는 자신의 저서 『먹고, 기도하고, 사랑하라Eat, Pray, Love』에서 이렇게 썼다.

의식의 목적을 말하자면 다음과 같다. 우리는 인간 존재로서 정신적인 의식을 치름으로써 자신의 기쁨이나 트라우마에 관한 가장 복잡한 감정을 안전히 쉬게 할 곳을 만든다. 그렇게 하면 우리는 자신을 둘러싼 감정을 영원히 안고 가거나 거기에 짓눌릴 필요가 없게 된다. ⋯ 자신이 속한 문화나 전통에 자신이 절실히 바라는 특정한 의식이 없다면, 당연히 자신이 직접 의식을 고안해서 만들어도 된다.

연구에 따르면 스스로 만든 의식은 마음의 상처에 확실한 약이 된다. 의식을 어떻게 만들어야 할지 잘 모르겠고 확신이 없다면, 다음에 나오는 예시 중 하나를 사용해 보라. 각각의 의식에는 감각적 요소가 있다. 3장에서 살펴보았듯이, 감각적 요소는 안전한 느낌을 얻는 데 중요하고, 안전한 느낌은 무기력에서 벗어나기 위한 전제조건이다.

어떤 의식을 선택하건, 애도 과정은 무한의 가능성으로 이루어져 있음을 명심하라. 애도 방법에 옳고 그름은 없다. 이 가운데 아무것도 하고 싶지 않다면, 하지 말라. 의식이 더 개인적이고 개별화될수록, 우리의 뇌는 과제 1의 메시지에 더 단단히 묶일 것이다. 그리고 기억하라. 이 연습은 아끼는 사람을 잃고 애도하는 것과 관련이 없다. 우리가 보낸 어린 시절의 끝을 애도하거나, 경험하지 못한 어린 시절의 부재를 애도하는 것과 관련이 있다.

어린 시절을 애도하는 의식

예시 1. 감각 연습―땅: 어린 시절의 상징을 땅에 묻으라. 조문을 쓰거나 과제 1의 기록 리스트를 읽어서 안녕을 고하라. 리스트는 혼자 읽거나 증인이 함께 있을 때 읽도록 하라.

예시 2. 감각 연습―물: 소금물로 목욕하거나 강, 호수, 바다 등을 들르라. 물을 보면서 어린 시절에 안녕을 고한다고 상상하라. 자신의 상실이 파도 속/배수관 등등으로 사라진다고 상상하라.

예시 3. 감각 연습―불: 어린 시절을 기념하여 촛불을 켜라. 과제 1의 리스트를 소리 내어, 혹은 마음속으로 읽도록 하라. 촛불을 끄면서 안녕을 고한다고 상상하라.

예시 4. 감각 연습―공기: 거품병을 준비하라. 거품을 밖으로 불면서, 거품이 자신의 어린 시절을 대변한다고 상상하라. 거품이 터지고 사라지면서, 어린 시절에 안녕을 고한다고 상상하라.

예시 5. 감각 연습―촉감: 자신이 자주 오가는 곳에 하나 이상의 중요한 물건을 두어서 어린 시절을 위한 기념비로 삼으라. 창문 구석이든, 선반 위든, 자동차 도구함 속이든 상관없다.

땅, 공기, 불, 물의 요소를 사용하라는 제안에 처음에는 망설이는 사람도 있다. ("이건 저한테 너무 비현실적이에요!") 하지만 이들은 감각 연습에 과학적 근거가 있음을 알고는 보통 놀란다.

감각 입력은 우리의 뇌가 다시 제 기능을 하고 우리가 알맞은 크기로 돌아오는 데 도움이 된다. 우리가 '발을 디디고 있는 곳에 마음을 두기'가 가능할 때, 정서적 회귀는 비로서 멈춘다. 의식은 우리의 뇌가 상실의 현실과 타협하는 데 보탬이 되고, 우리를 계속 나아가게 하는데 도움을 준다.

변화에 따르는 고통은 그대로 머물러 있을 때 찾아오는 고통보다 낫다. 베스트셀러 작가이자 심리치료사인 로리 고틀립Loli Gottlieb은 이렇게 썼다. "상실 없이 우리는 바뀔 수 없다. 사람들이 자신이 변했으면 좋겠다고 말하면서도 정확히 똑같은 상태로 머물러 있는 이유가 바로 그것이다."

결론: "당신은 카드 한 벌에 지나지 않아요!"

어린 시절은 끝났다. 우리는 출생, 유아기, 걸음마 시기, 유년기, 청소년기를 버텨냈다. 이것만 해도 자랑거리다. 제 역할을 하는 어른으로 연금술처럼 변하기는 쉽지 않다. 하지만 앨리스가 왕과 여왕, 토끼와 광기의 미로를 빠져나왔듯이, 우리도 할 수 있다.

우리가 정서적 아동기에서 정서적 성인기로 성공적으로 옮겨갔을 때, 작은 것은 더는 크게 느껴지지 않고 큰 것은 다루기 더 쉽게 느껴진다. 우리의 전지전능한 부모도 보통 크기의 사람이 된다. 『이상한 나라의 앨리스』마지막에 우리의 여주인공은 자신의 두려움을 마주하고는 이상한 나라를 떠나서 집으로 돌아올 수 있게 된다. 소설의 막판에 재판에 끌려 나온 앨리스는 적대적인 상대들에게 빙 둘러싸인다. 희망이 전혀 보이지 않을 바로 그때, 앨리스는 자신의 목소리를 찾고 악랄한 하트 퀸에게 대담하게 말한다. "'누가 당신한테 신경 쓰기나 하나요?' 앨리스는 말한다(이때 그녀는 실제 크기로 돌아간다). '당신은 카드 한 벌에 지나지 않아요!'"

핵심 정리 ──

- 정서적 회귀는 우리가 실제 나이와 크기보다 더 작고 더 어리게 느껴지는 경우를 가리킨다.
- 정서적 회귀의 징후에는 우유부단함, 비위 맞추기, 감정 폭발, 가면 증후군 등이 있다.
- 연말 연휴 기간은 정서적 회귀에 딱 맞는 시기다.
- 나는 지금 몇 살로 느끼고 있을까? 하고 자문하는 일은 회귀를 멈추는 데 도움이 된다.
- 정서적 성인은 계속 잘 놀고, 창의적이고 아이처럼 지내게 된다.
- 정서적 회귀의 해결책은 애도다.
- 과거를 애도함으로써 그것을 반복하려는 충동에서 벗어날 수 있다.
- 애도는 단계적으로 일어나지 않는다.
- 어린 시절을 애도하기 위한 네 가지 과제가 있다. 어린 시절이 끝났다는 현실을 받아들이기, 자신의 모든 감정을 기꺼이 느끼기,

친구/가족과 새로운 경계를 만들기, 자신의 사고/감정/꿈에 바탕을 두고 자기 인생의 고삐를 잡기/결정하기.

행동 규칙 ──

해야 할 일	하지 말아야 할 일
충분한 시간을 갖고 애도의 과정을 실행하기. 시간은 상처를 치유하지 않는다. 치유를 위한 작업을 했을 때 상처가 치유된다. 필요한 대로 시간을 쓰라.	애도를 한 번 하고 끝나는 일이라고 생각하기. 애도는 바다와 같다. 어떤 날은 맑은 날씨에 물도 잔잔하다. 그런데 또 어떤 날은 우리가 굴러떨어지는 바람에 수영복이 모래투성이, 입안이 해초투성이가 된다.
의식을 활용하여 우리의 뇌가 어린 시절을 마무리할 수 있도록 돕기.	정해진 방법으로 상황을 해결해야 한다고 생각하기. 자신이 납득할 만한 의식이 있다면 무엇이든 하라. 애도에 옳은 방법이란 없다.
상실 없이는 변화도 불가능함을 명심하기.	변화에 따르는 고통을 두려워하는 자신을 비난하기. 변화는 상실이 관여하기 때문에 고통스럽다.
자신을 어른처럼 느끼게 해주는 사람, 장소, 사물 들을 생각해 보기. 위험한 시기, 특히 연말 연휴 때 이 사항들을 기억하라.	회귀 계획 없이 연말 연휴 기간에 돌입하기.

5분 도전 ──

1. 나는 어린 시절과 관련해서 _____ 을(를) 가장 그리워할 것이다.

2. 나는 어린 시절과 관련해서 _____ 을(를) 그리워하지 않을 것이다.

3. 나는 어린 시절이 끝났다고 인정하면 _____ 한다는/라는 의미가 될까 봐 두렵다.

4. 나는 정서적 성인으로서 _____ 을(를) 기대한다.

5. 나는 나 자신을 더 성인으로/정서적으로 '더 크게' 느꼈다면 나를 _____하도록 했을 것이다.

10장

무기력 깨트리기 게임

인생은 체스 게임과 같다.
이기려면 움직여야 한다.

앨런 러퍼스Allan Rufus[63]의

『명인의 신성한 지식(The Master's Sacred Knowledge)』중에서

2020년 넷플릭스에서 방영한《퀸스 갬빗The Queen's Gambit》은 63개 국가에서 인기 순위 1위를 차지했다. 월터 테비스Walter Tevis가 쓴 소설을 원작으로 한 이 드라마는 체스 천재 베스 하먼이 신경안정제에 취해 지내던 어린 시절부터 체스 챔피언에 오르기까지의 여정을 따른다. 고투하는 체스 천재를 다룬 이 7시간짜리 미니시리즈는 체스라는 소재 때문에 대중의 관심과는 거리가 있어 보였다. 하지만 수많은 사람이 이 시리즈에 빠져들었다. 베스가 보인 아주 예리한 두뇌, 화려한 의상, 날카로운 시선 등이 시리즈의 매력에 불을 지폈지만, 아주 강렬

---

63   미국의 인생 상담 전문가 겸 작가.

한 인상을 남긴 주인공은 다름 아닌 체스 게임 그 자체였다. 『뉴욕 타임스』에는 "《퀸스 갬빗》이 첫선을 보인 이후 몇주 동안 … {체스} 판매량이 125퍼센트 증가했다"는 기사가 실렸다.

체스에는 어딘가 매혹적인 구석이 있다. 우선 게임의 긴 역사가 한몫한다(체스의 역사는 1천5백 년이 넘는다). 체스는 규칙을 배우기는 쉽지만 플레이하려면 머리를 꽤 열심히 써야한다. 캐슬, 나이트, 킹, 퀸에 얽힌 로맨스와 영웅담도 매력적이다. 체스가 인생의 완벽한 비유이기 때문에 우리가 그 64칸에 계속 끌리는지도 모른다.

체스와 인생 모두 복잡하고 서스펜스가 넘친다. 그리고 둘 다 희생을 요구한다. 체스나 인생이나 전략 없이 플레이할 수 있지만, 그러면 좋게 끝나지 않는 경우가 많다. 그러나 단순한 폰[64]이라 해도 충분한 시간을 갖고 버티다 보면 강력한 퀸이 될 수 있다. 때로는 우리 모두 체스에서 추크츠방zugzwang[65]이라고 알려진 불행한 상황에 놓일 수 있다. 어떻게 움직여도 나쁜 상황을 더 나쁘게 만들 상황에 처할 수 있다. 역사를 통틀어서 수많은 선도적 사상가, 과학자, 작가 들이 인생을 체스에 비유했다. 벤저민 프랭클린Benjamin Franklin은 이렇게 이야기했다. "체스 게임은 그저 나태한 오락이 아니다. 체스의 몇 가지

---

[64] pawn. 장기의 졸(卒)과 같은 역할을 하는 말이다.

[65] "추크츠방은 독일어 표현인데, 기본적으로 '네가 움직일 차례인데, 어떻게 움직이든 결과가 나빠!'라는 뜻이다. 체스에서는 '패스'나 '동작 생략'이 없기 때문에 움직여야 해서 게임을 질 수도 있다!"

특성은 인간이 살아가는 과정에서 유용한데, … 인생은 일종의 체스라 할 수 있다. 그 안에서 우리는 보통 따야 할 점수가 있고, 다투어야 하는 경쟁자 혹은 적수를 둔다."

다 알겠는데, 난 체스를 안 한단 말이지, 하고 생각한다면, 지금부터 배울 방법으로 효과를 보려고 체스를 따로 배울 필요는 없다. 우리가 최종적으로 무기력에서 벗어난다는 목표 하에 이번 장에서는 이 책에 나온 모든 개념과 정보를 우리가 실천에 옮길 수 있도록 실행 가능한 규칙을 제시한다.

우리는 체스를 비유로 삼아서 (실제 게임에 관한 지식은 필요 없다) 무기력에서 벗어나기 위한 간단한 규칙 7가지를 배울 것이다. 그렇다고 이 규칙들을 순차적으로 따를 필요는 없다. 이해할 수 있는 내용이라면 무엇이든 하고 싶을 때 원하는 순서대로 하라.

무기력을 깨는 7가지 규칙

규칙 1. 상세하게 조사하여 나열한다

체스판에는 폰, 나이트, 비숍, 룩, 퀸, 킹이 있다. 우리는 나름의 목적을 위해 상황을 아주 쉽게 만들어서 굳이 많은 설명을 기억할 필요가 없도록 할 것이다. 체스판의 각 '부분'은 인생의 한 가지 영역에 해당한다. 다음의 체스판을 보라.

자신에게 타당한 부분을 확인하고, 더하고 싶은 범주를 포함하라.

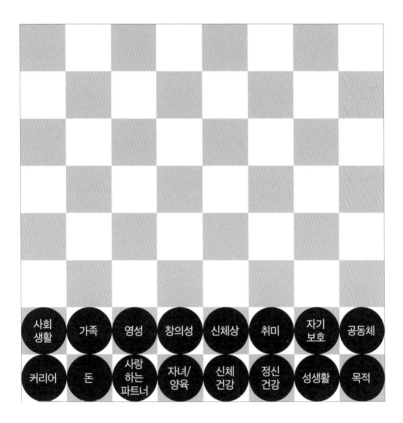

무기력에 빠져 있을 때는 전체를 조망하기 힘들다. 하지만 상세하게 조사해서 나열하면 판 전체를 볼 수 있다.

규칙 2. 먼저 움직일 수 있는 '부분'을 찾는다

위축되고 여러 가지 여건이 충분치 않을 때 상황을 압박하는 일은 불필요하고 도움도 안 된다. 대신에 쉽게 움직이는 방법을 찾고 그것을 먼저 하라.

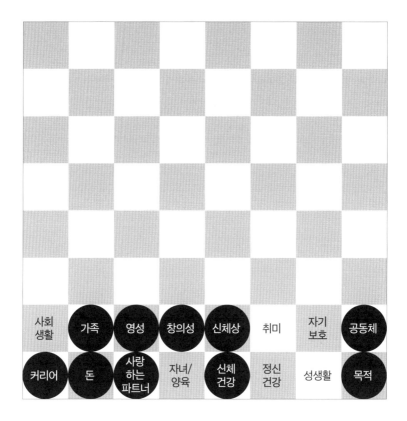

무기력에서 벗어나기 위해 따라야 하는 구체적인 순서는 없다. 우리는 직장에서는 꼼짝 못 하는 느낌이 들어도 인간관계에서는 수월함을 느낄지 모른다. 우리는 돈 때문에 무기력함을 느낄지 몰라도 창의성을 위한 여유는 쉽게 가질 수 있다.

우리는 무언가를 하는 한 계속 게임 중이다. 체스에서 중요하지 않은 수는 없다. 쉬운 움직임도 마찬가지다. 쉬운 움직임을 통해 한번 탄력을 받으면, 우리는 '나는 할 수 있다' 에너지를 충분히 만들어서 더 어려운 영역에 대처할 것이다.

규칙 3. 세 가지 선택사항을 리스트로 만든다

판을 보고 스스로 어떤 부분에 답이 없다고 느끼는지 확인하라. 그리고 간단한 선택사항 세 가지를 적으라. 예를 들어서 자신의 경제적인 부분이 문제인듯하다면, 세 가지 선택사항은 이렇게 될 수 있다.

1. 기일이 지난 청구서를 전부 리스트로 만든다.
2. 기일이 지난 각각의 청구서와 관련해서 고객 상담 전화번호를 적는다.
3. 수금인 한 사람에게 전화하고 지불 계획을 세운다.

자신의 영성에 답이 없다고 느낀다면, 세 가지 선택사항은 이렇게 될 수 있다.

1. 영성에 관한 팟캐스트를 듣는다.
2. 존경하는 친구한테 영성 수행을 위해 무엇을 하는지 묻는다.
3. 영성 예배에 참가한다. (예배가 자신에게 맞지 않아도 자신이 좋아하는 것과 좋아하지 않는 것을 파악할 수 있기 때문에, 다음번 선택은 더 잘 맞을 것이다.)

신체상에 답이 없다고 느낀다면, 세 가지 선택사항은 이렇게 될 수 있다.

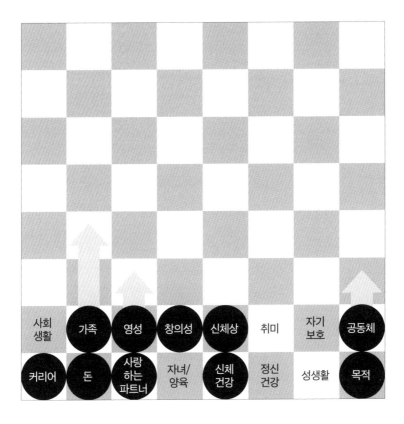

사회 생활	가족	영성	창의성	신체상	취미	자기 보호	공동체
커리어	돈	사랑 하는 파트너	자녀/ 양육	신체 건강	정신 건강	성생활	목적

1. 자기 몸 긍정주의 대신에 자기 몸 중립을 지향한다. 자신의 신체에서 중립적으로 느껴지는 부위를 한 가지 이상 생각한다. 그리고 이 부위가 자기 역할을 하는 데 감사한다.

2. 한 주 동안 거울 보기를 멈춘다. (거울에 비친 자신의 모습을 볼 때마다 호통을 쳤다면 좋은 선택이다.)

3. 몸에 맞지 않은 모든 옷을 상자에 넣는다. 상자를 지하나 다락에 넣는다. 너무 꽉 끼는 청바지와 매일 싸우는 것만큼 수치심의 악

순환을 빠르게 낳는 것도 없다.

규칙 4. 어떤 부분을 움직일 수 있고 없는지 파악한다

12단계 회복 모임은 보통 '평온을 비는 기도The Serenity Prayer'로 시작
한다.

하느님, 제가 바꿀 수 없는 것들을 받아들이도록 평온을 주시고

제가 바꿀 수 있는 것들을 바꿀 용기를 주시며

그 차이를 알 수 있도록 지혜를 주소서.

'평온을 비는 기도'에 기대어 효과를 보려고 회복 단계에 참석할
(혹은 신을 믿을) 필요는 없다. 자신이 (바꿀 수 없지만) 바꾸길 원하는 것
과 (바꿀 수 있지만) 바꾸지 못하는 것의 차이를 아는 일은 매우 중요
하다.

어떤 부분은 우리가 선택했기 때문에 게임에 있다. 그리고 때로는
인생이 우리가 절대 선택한 적 없는 산후 우울증이나 구조적 인종차
별 같은 부분을 끌어들인다. 우리는 자신의 환경을 가끔 바꿀 수 있
지 늘 바꾸지는 못한다. 우리의 '체스판'은 환경과 선택의 조합이다.
그리고 우리가 다른 누군가의 게임을 할 수 없다는 사실을 기억하라.
우리는 배우자가 술을 줄이길 바랄 수는 있어도 내가 원하는 만큼 변
하라고 강요할 수는 없다. 우리는 사춘기 자녀에게 건강한 인간관계
를 맺길 바랄 수는 있어도 거기에 맞게 친구들을 골라줄 수는 없다.

우리의 결정은 자신이 아끼는 사람에게 영향을 미칠 수 있지만, 영향은 통제와 다르다. 우리가 통제할 수 있는 유일한 부분은 자신의 부분이다.

규칙 5. 한 가지를 실행한다.

뉴턴의 운동 제1법칙에 따르면, 움직이지 않는 물체는 움직이지 않는 상태로 있을 것이고, 움직이는 물체는 외부의 힘을 받지 않는 이상 계속 움직일 것이다. 물리학의 법칙이 우리의 무기력 상태에도 적용된다. 일단 움직이면 빠르게 진전을 이룰 수 있다. 리스트에 있는 세 가지 과제 중 한 가지를 골라서 다음 주 안에 하겠다고 약속하라. 매일 밤 잠들기 전에 포스트잇이나 쪽지에 할 일을 한 가지 적으라. 그러고는 일어났을 때 그것을 가장 먼저 확인하라.

그런데 잠깐만요… 한 가지만 하면 가고 싶은 데까지 어떻게 갈 수가 있죠?

한 발짝 앞으로 가는 게 안 가는 것보다 낫다. 마사 베크는 이처럼 아주 작은 움직임을 "거북이걸음turtle step"이라고 부른다. 그녀는 이렇게 말한다. "거북이걸음은 내가 할 수 있는 바를 반으로 나눈 최소치다. 그것이 내가 무엇이든 이뤄낸 유일한 방법이기도 하다." 작은 발걸음이 불가능하게 느껴질 때조차 관련 요소들을 가장 작게 나누라고 베크는 말한다.

나는 메스암페타민에 아주 심각하게 빠지고 나서 12단계 후원자와 통화를 나눈 적이 있다. 며칠 동안 먹지도, 자지도, 씻지도 않은 상

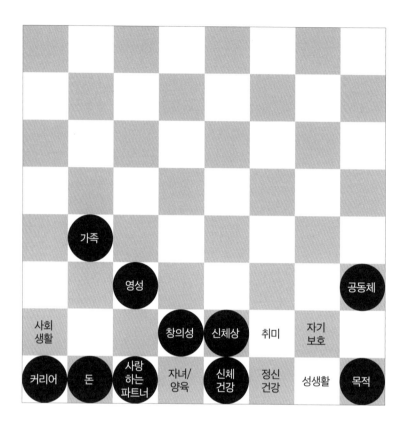

		가족					
	영성						공동체
사회 생활			창의성	신체상	취미	자기 보호	
커리어	돈	사랑 하는 파트너	자녀/ 양육	신체 건강	정신 건강	성생활	목적

태였다. 그 후원자는 요거트 하나를 한 숟가락씩 먹는 것에 대해 거의 한 시간 동안 내게 설명했다. 첫걸음을 먼저 내디디고, 하루에 한 번 집중하며, 다음으로 알맞은 일을 하라는 말은 지겹도록 들었을 것이다. 하지만 쓸모가 있는 처방이다. 에메 카터Aimée Carter[66]가 쓴 디스토피아 청소년 소설『폰Pawn』을 보면, 한 등장인물이 가장 작은 체스 피스에도 잠재력이 있음을 설명한다. "{너의 폰들이} 계속 앞으로 움직였기 때문에 개네가 게임에서 가장 강력한 피스가 되는 거야. 절대

잊지 마, 알았어? 게임 전체를 바꾸는 홀로 남은 폰 하나의 잠재력을 절대 잊지 말라고."

규칙 6. 피드백을 듣는다

차 안의 GPS를 생각해 보라. 주차 중이라면 우리는 지시를 받지 않을 것이다. 우리가 운전을 시작한 후에만 GPS가 개입한다. 우리가 틀린 길로 향하기 시작하더라도 바로 피드백을 준다는 점은 GPS의 묘다. 방해물이 나타나면? GPS가 경로를 변경한다. 교통량? GPS는 우리를 옆길로 가게 할 수 있다. 방향 전환을 못 했다고? 문제없다. 방향 전환을 제대로 못 했다고 손바닥에 땀이 나고 당황스러워하는 일은 종이 지도를 보고 주유소 방향에 의지하던 시절의 이야기다.

때로는 틀리게 움직인 (그리고 그렇게 배운) 후에야 어떤 움직임이 맞는지가 명확해진다. 무엇이든 행동을 취할 때는 피드백에 집중하고 필요한 부분을 수정하는 일이 중요하다. 무기력은 보통 피드백을 무시한 결과다. 특히 성인기 초반에 그렇다. 코미디언 테일러 톰린슨 Taylor Tomlinson은 이렇게 농담을 한다. "저는 저의 20대가 넌더리 나요. 직감도 없지, 본능도 없지… 비법을 알려주는 사람도 없지, 속에서는 '야, 디제이랑 데이트하면 안 될거야' 하면서 기분이 나빠지니 말이죠." 자신의 결정으로부터 얻는 교훈은 결정 그 자체만큼 중요하다.

66 　미국의 아동·청소년 소설 작가(1986~).

규칙 7. 자축한다

소소한 성취를 자축하지 못하면 무기력에 빠진 게 아닌데 무기력에 빠진 듯한 느낌을 받게 된다. 이를테면 이런 경우다.

- '음, 맞아, 패스트푸드를 먹는 대신에 이번 주에는 요리를 직접 했어. 하지만 줄일 체중이 아직도 너무 많아.'
- '음, 맞아, 오늘 아침에 산책했어. 하지만 '진짜' 운동을 한 건 아니지.'
- '음, 맞아, 보너스를 받았어. 하지만 바라던 승진을 한 건 아니지.'

내가 세탁기를 돌린 날 세탁물을 제대로 정리하고 나서 자축하는 모습을 남편이 처음 봤을 때를 기억한다. 원자력 엔지니어이자 군 장교로 일한 남편은 삶의 그러한 평범한 면에 너무나 기뻐하고 축하하는 나의 태도를 접하고 적잖게 당황해했다. 하지만 우울증 때문에 고생한 경험이 있는 사람이라면, 세탁기 안의 옷을 건조기로, 옷장으로 24시간 안에 성공적으로 옮기는 일이 엄청난 성취라는 사실을 잘 안다.

아시시의 성 프란체스코Saint Francis of Assisi는 이러한 말을 했다. "필요한 일을 하는 것부터 시작하라. 그런 다음 가능한 일을 하라. 그러면 어느 순간 우리는 불가능한 일을 하고 있을 것이다." 필요한 일을 할 때 자축하고, 이어서 가능한 일을 할 때 다시 자축하고, 그다음에 불가능한 일을 하기 시작할 때 진심으로 자축하는 일은 매우 중요하다.

"하지만 모든 게 제대로 안 되고 있고 자축할 게 아무것도 없다면 요?" 그렇다. 상황이 암울하고 어둡고 엉망일 때 기뻐하기란 어렵다. 그런데 자축하는 일이란 힘든 시기에 억지로 긍정적이거나 감사하는 태도를 갖는 것과는 다르다. 상황이 힘들 때 '좋은 기분만 갖기' 혹은 '난 축복받은 사람이라서 스트레스를 안 받아' 식의 구역질 나는 게임 은 안 해도 된다.

자축하기는 시간과 에너지를 괜히 허비하는 일이 아니다. 자축하 기는 우리의 생리를 바꿀 만큼 뇌에 강력한 자극이 된다. 자축은 음 악, 음식, 노래하기, 소리 지르기, 춤추기/뛰기 등을 동반한다. 모두 신체적인 행위다. 3장에서 살펴봤듯이, 신체에 기반한 개입은 스트레 스 반응을 줄이고 우리를 논리적 사고 상태에 머물도록 해준다. 자축 은 내면의 보안 요원에게 이러한 메시지를 전달한다. "열중쉬어. 우리 는 호랑이한테 공격당한 게 아니야. 너는 우리의 HPA 축 자극을 지금 멈출 수 있어." 작은 일에 대한 자축을 어떻게 시작해야 할지 모르겠 다면, 여기에 몇 가지 선택지가 있다.

- 자신이 가장 좋아하는 디저트를 먹도록 허락하라.
- 자신이 오늘 해야 한다고 생각하는 집안일을 하지 않도록 허락 하라.
- 눈길을 끄는 무언가를 구입하거나 모으라(큰돈 들 일이 아니다. 그 물건이란 빈티지 상점에서 파는 1달러짜리이거나, 길가의 흥미롭게 생긴 나

뭇잎일 수 있다). 그리고 그것을 종이에 싼 다음, 자신에게 보내는 카드에 '오늘을 포기하지 않은 네가 정말 자랑스러워' 같은 말을 적으라.

- 방치하고 있던 좋은 접시와 유리잔을 오랜만에 꺼내서 오늘 사용하라. 그리고 내일도, 그다음 날에도….
- 아껴두었던 좋은 초에 불을 붙이라.
- 연말 연휴 장식품을 꺼내어 즐기라. 5월 중순이라도 상관없다.
- 특별한 경우에 하는 일을 뭐가 됐건 오늘 당장 하라.

이 모든 이야기가 감상적이고 자기감정을 솔직하게 표현하는 스튜어트 스몰리[67]의 경우처럼 들린다면, 지금까지 해왔던 방식과 비교해 보라. 예를 들어, 부끄러운 자기 대화에 얼마나 효과가 있는가? 자신을 질책해보니 목표에서 가까워지는가 멀어지는가? 페마 초드론은 이렇게 말한다. "평범한 것에 크게 기뻐하는 일은 감상적이거나 진부한 게 아니다. 실제로는 배짱이 필요하다. 불평을 떨쳐내고 행운이 매일 자신에게 깃들도록 할 때마다, 우리는 전사의 세계에 들어간다." 전설적인 SF 작가 레이 브래드버리Ray Bradbury는 이렇게 썼다. "우리는 내키지 않을 때도 행동을 취한다. … 그게 아파도, 그게 죽음에 가깝다는 의미라고 해도, 혹은 그게 죽음의 의미일지라도 상관없다.

---

67 스튜어트 스몰리는 《SNL》에 등장하는 가상 캐릭터로서, 지나친 자기 가치 확신이 특징이다. "난 충분히 괜찮아. 난 충분히 똑똑해. 젠장, 사람들은 나를 좋아한다고!"

무엇이든 진전을 이루면 이기는 것이다. 체스 게임에서 자신의 다음 움직임을 평생 고민하며 앉아 있던 선수가 게임을 이긴 경우는 한 번도 없었다."

영성에 대한 소고

이 책이 무기력의 심리를 다루긴 하지만, 영성을 다루지 않고 무기력을 이야기하기란 불가능하다.

영성은 보편적인 경험이다―우리는 모두 의미, 관계, 미, 목적에 대한 욕구를 공유한다. 영성을 함양하지 않으면 무기력하게 있을 게 거의 분명하다. 하지만 영적인 태도를 갖추려고 신을 믿을 필요는 없다. 칼 세이건은 이렇게 썼다. "과학은 영성과 양립만 하지는 않는다. 과학은 영성의 깊은 근원이다." 영성을 갖추는 방법은 많다. 명상, 마음챙김, 요리, 자연, 예술, 수학, 음악, 종교 등 영적 가능성의 목록은 끝이 없다. 자신을 독실한 가톨릭 신자로 여기든, 이교도 여사제로 여기든, 확고한 무신론자로 여기든 간에, 영적인 믿음을 가질 필요가 있다.

우리는 영성으로부터 앞으로 나아가라는 명령을 받기도 한다. 『수피교의 사상과 행동Sufi Thought and Action』에서 이드리스 샤흐Idries Shah[68]는 이렇게 썼다. "인간 존재는 하루의 모든 순간에 누군가를 혹은 무언가를 믿고 있는데, 그것을 알아차리기도 하고 못 하기도 한다." 우리는 모두 내면화된 영적 지도자를 갖고 있다. 당신의 머릿속에는 누구의 목소리가 있는가. 당신은 누구의 분노를 두려워하는가? 이웃이 어떻게 생각하느냐에 따라 결정을 내린다면, 우리의 영적 지도자는 이웃이다. 어머니가 어떻게 말할지 두려워서 우리가 결정을 내린다면, 우리의 영적 지도자는 어머니다. 정서적 성인으로서 우리는 자신의 영적 신념과 실천을 선택하고 우리는 무엇을 희생하고 무엇을 지킬지 결정하게 된다. 존 오도너휴는 이렇게 썼다. "우리는 자기 안에서 필요한 것을 바깥에서 계속 찾을 수 없다. 우리가 그토록 바라는 축복은 다른 장소나 사람에게서 찾을 수 없다. 이러한 선물은 오로지 우리 자신으로부터 우리에게 주어질 수 있다. 그것은 우리의 따뜻한 영혼의 집에 있다."

마지막 당부, 작은 한 걸음이 중요하다

체스 세계 챔피언으로 이름을 날린 호세 라울 카파블랑카José Raúl Capablanca y Graupera는 1920년대에 이런 글을 남겼다. "책은 그 자체로 경기 방법을 가르칠 수 없다. 책은 가이드 역할만 할 수 있고, 나머지는 경험으로 익혀야 한다." 자기 차례를 받아들일 준비가 되었다고

---

68 인도계 영국 작가 겸 사상가(1924~1996). 수피교 전통의 지도자로 활동하며 다수의 저서를 남겼다.

느낄 때까지 기다리지 말라. 준비 상태는 필요 없다. 적극성만 있으면 된다. 단, 무기력에서 벗어나려면 불편을 감수해야 할 각오를 해야 한다. 그 과정에서 벗어나지 말라. 트라우마 작업에서 '나쁘다bad의 다른 표현은 좋다good이다'라는 말을 자주 쓴다. 나쁘다의 다른 종류는 변화change를 의미하고, 때로 변화한다는 것changing은 무너진다breaking는 느낌을 준다.

하지만 걱정하지 마라. 우리 모두의 내면에는 트라우마가 닿지 않고, 상처가 흔적을 남기지 않으며, 무기력의 영향을 받지 않은 숨은 곳이 있다. "인간의 영혼은 사실상 파괴할 수 없고, 무無에서 다시 일어서는 그 능력은 육체가 살아 숨 쉬는 한 남아 있기 때문이다." 앨리스 밀러의 말이다.

최고의 인생을 산답시고 다음 10년 동안 정신분석에 매달릴 필요는 없다. 또한 무기력에서 벗어난답시고 자신의 어린 시절을 몇 시간 동안 이야기할 필요는 없다. 치료사는 정신의 고고학자다. 치료사는 아주 오래된 패턴을 아주 깊게 파서 발굴하는 일을 한다. 유물을 조사하고 잊힌 이야기를 발굴하는 일이 치료사의 기쁨이다.

하지만 자신의 모든 것을 깊이 파야 한다고 믿었다가는 순식간에 벽에 부딪힐 수 있다. 모든 걸 그렇게 할 필요는 없다. 그래서 증상에 적응하는 일은 타당한 대안이 아닐 수 없다. 약을 먹거나, 자극을 피하거나, 대체 기술을 쓰는 것이 증상에 대한 적응처럼 보일 수도 있다. 때로는 자녀, 경제력, 환경, 자원 접근성, 안전, 시간 등의 문제 탓에 확실한 대처가 불가능할 수도 있다. 하지만 내키지 않으면 무엇이든 근본 원인까지 찾을 필요가 없다. 기억해야 하는 건 이게 전부다. 증상의 기원을 모를 수 있지만, 그게 증상이 존재하는 데 정말로 좋은 이유가 없다는 의미는 아니다.

정신건강 증상은 미충족 욕구에 대한 창의적인 징후다. 우리는 게으르거나, 미치거나, 동기부여가 안 된 게 아니다. 무기력에서 벗어난 답시고 절벽에서 뛰어내릴 필요가 없다. 작은 발걸음을 내디디고, 상황이 어떻게 진행되는지 살핀 다음, 또다시 한걸음을 내디디라. 그 과정에서 자축하는 일도 잊지 말라.

융주의 정신분석가이자 시인인 클라리사 핀콜라 에스테스^{Clarissa Pinkola Estés} 박사는 이렇게 적었다. "바라건대 당신이 밖에 나가서 이야기들이, 즉 삶이 당신한테 일어나도록 하길, 그리고 이 이야기들과 함께하길… 이야기가 피어날 때까지, 당신 스스로가 활짝 필 때까지, 당신의 피와 땀, 그리고 당신의 웃음으로 물을 주길."

이것은 우리의 삶이다. 우리의 체스판이다.

이제 게임을 시작하자.

옮긴이 김두완

음악 애호가이자 번역자. 고려대학교 불어불문학과를 거쳐 연세대학교 커뮤니케이션대학원에서 문화연구로 석사학위를 받았다. 현재 한국대중음악상 선정위원이다. 번역한 책으로 『도파민네이션』 『타인을 읽는 말』 『파리는 그림』 『모타운』(공역) 등이 있다.

무기력의 심리학

초판 1쇄 발행 2023년 2월 13일
초판 4쇄 발행 2024년 1월 2일

지은이 브릿 프랭크
옮긴이 김두완
펴낸이 유정언

이사 김귀분
책임편집 신성식 **기획편집** 조현주 유리슬아 서옥수 황서연 정유진 **디자인** 안수진 기경란
마케팅 반지영 박중혁 하유정 **제작** 임정호 **경영지원** 박소영

펴낸곳 흐름출판(주) **출판등록** 제313-2003-199호(2003년 5월 28일)
주소 서울시 마포구 월드컵북로5길 48-9(서교동)
전화 (02)325-4944 **팩스** (02)325-4945 **이메일** book@hbooks.co.kr
홈페이지 http://www.hbooks.co.kr **블로그** blog.naver.com/nextwave7
출력·인쇄·제본 (주)삼광프린팅 **용지** 월드페이퍼(주) **후가공** (주)이지앤비(특허 제10-1081185호)

ISBN 978-89-6596-556-5 03180